SIM
É SIM E
...
UM
MONÓLOGO

Lucciole 3

Carolin Emcke
Sim é sim e ... um monólogo
Ja heißt ja und ... Ein Monolog

© Editora Âyiné, 2024
© S. Fischer Verlag GmbH,
Frankfurt am Main, 2019

Edição:
Giulia Menegale

Tradução:
Claudia Abeling

Preparação:
Julia Bussius

Revisão:
Maria Fernanda Moreira
Laura Torres

Diagramação:
Luísa Rabello

Produção gráfica:
Daniella Domingues

Capa:
Pilar Aymerich, *Presó Trinitat*, 1978

Projeto gráfico:
OAZA / Maša Poljanec

Lucciole logo:
Neva Zidić

ISBN: 978-65-5998-082-6

Âyiné

Direção editorial:
Pedro Fonseca

Coordenação editorial:
Sofia Mariutti

Coordenação de comunicação:
Julia Corrêa

Conselho editorial:
Simone Cristoforetti
Zuane Fabbris
Lucas Mendes

Praça Carlos Chagas, 49
2º andar. Belo Horizonte, MG
30170-140

+55 31 3291-4164
www.ayine.com.br
info@ayine.com.br

SIM
É SIM E
...
UM
MONÓLOGO

CAROLIN
EMCKE

Âyiné

Este texto é baseado numa peça teatral que estreou em dezembro de 2018 no teatro Schaubühne em Berlim.

«*Individualmente, eu e você, somos mais
fáceis de dominar.*»
Kate Tempest

«*O falar sobre a natureza da escrita também é sempre
um falar sobre a natureza da fala, é uma ponte para um
segundo, um terceiro, o outro.*»
Enis Maci

No começo está a dúvida.
Diante de cada frase, de cada palavra, há este limiar: é verdade? Como você sabe que é certo? É justo? Além de verdadeiro, também é autêntico?

E essas são apenas as dúvidas sobre *o que* poderia ser dito.

Escrevo como se murmurasse: em voz baixa, falando mais para mim do que para os outros. Trata-se antes de uma reflexão com o teclado. Pensa-se melhor escrevendo. É íntimo. Como sussurrar. Ou murmurar. Talvez seja por isso que escrevo sempre descalça. Parece que com os pés calçados o pensamento vem metido em convenções.

Assim que me apresento diante de um público, tudo desaparece, a palavra imediatamente desaparece. Objeções se postam diante dos próprios pensamentos e os escondem. Sem falar das hostilidades carregadas de ímpeto e desdém. Elas me dão medo, entram sob a pele, como veneno, sinto como ele se espalha, no corpo, em todos os lugares; como paralisa, a fala, a vontade, o eu.

No começo, sempre está a dúvida.
Às vezes gostaria de poder cancelá-la. Mas então o Eu escrevinhador deixaria de ser Eu. Escrevendo, ele se encontra e se elabora.

*

Na minha infância, o supostamente indizível – quando precisava ser expresso – era mencionado por meio de uma palavra em dialeto: «*Mitschnacker*». Essa palavra em baixo-alemão significa algo como «pessoa que, por meio de palavras amáveis e brinquedinhos, convence (em geral uma criança) a acompanhá-la», e até as crianças que não entendiam o dialeto supunham o Mal indeterminado que havia ali. «*Lass dich nicht mitschnaken*» [«não vá na conversa de ninguém»] era o que ouvíamos no caminho para o mundo, para a escola ou para o clube.[1] O perigo estava anunciado, mas deslocado. Como se o dialeto conseguisse suavizar aquilo contra o que tínhamos de ser alertados. Não era para se entrar na conversa de ninguém que que começa a conversar, dá uns presentes e nos leva embora. Mas ninguém dizia o que aconteceria caso um estranho nos levasse embora.

Apenas aceitamos o conselho; aceitamos até hoje.

Aquilo que pode acontecer, aquilo que sempre aconteceu, aquilo que aconteceu com (não apenas, mas sobretudo...) gerações de meninas e mulheres antes de nós, aquilo que continua acontecendo, em todos os lugares do mundo, no caminho para a escola, no caminho do poço de água, no caminho para o pasto, no caminho para casa, aquilo que pode acontecer conosco então, não é explicitado. Nossas mães e avós foram informadas da mesma maneira – sem ser informadas. Ninguém nunca disse que poderíamos ser manipuladas, enganadas, capturadas, atacadas, sequestradas, no carro, no mato, entre as árvores, numa cabana, num porão, abusadas, estupradas, enforcadas, machucadas e mortas. E, acima de tudo, ninguém nunca disse que o perigo eram apenas os estranhos, os do lado de fora, mas também e, sobretudo, que ele estava bem perto, na própria casa, que viria da própria família.

«Não vá na conversa de ninguém.»

Por que não? Soa divertido. Como se o problema fosse apenas alguém muito falante. Mas não se trata da maneira da abordagem, mas da violência que ameaça após a abordagem.

São esses ocultamentos retóricos que possibilitam o que eles afirmam impedir. É espantoso: alerta-se sobre algo, mas não se fala *do quê*. A coisa não é minimizada, senão não precisaria haver o alerta. Silencia-se sobre o que alguém pode fazer contra nós. Como se não fosse decente falar com todas as letras – em vez de reprimir o ato, reprime-se o falar a respeito.

Desse modo, não é a ação criminosa que se torna tabu, mas a fala. Desde o início. Desse modo, a expectativa fica subvertida: o foco não é sobre quem exerce a violência, mas sim sobre aqueles que querem falar a respeito. A repressão da fala desloca a carga da justificativa. Quem quer falar a respeito de algo sobre o que não se fala sente-se errado ou sujo. Aí está o caráter de cúmplice.

Para conseguir criticar algo, é preciso conseguir e querer imaginá-lo. E para conseguir imaginar algo, é preciso nomeá-lo. Quando a violência permanece abstrata, quando não há conceitos e descrições concretas a respeito, ela permanece
inimaginável,
improvável,
impalpável.

*

O roupão de banho.
Eu simplesmente não consigo entender a história do roupão.
Esse roupão de banho aparece em todas as histórias do *#metoo*...
Não nas férias na praia. Não em casa, no quarto. Mas no escritório. Numa reunião. No hotel. Numa reunião. Num contexto pretensamente profissional.

Qual a obsessão pelo roupão de banho?

Não entendo. Realmente não entendo. Apenas não entendo a cena. O que acontece nela. O que *significa*. Afinal, ninguém nos explica. Não na situação e muito menos depois. Temos de imaginar tudo sozinhos.

Mulheres jovens ou mais velhas, colegas, colaboradoras, empregadas de hotel, estagiárias, mulheres com as quais esses homens já trabalham há tempos ou que não conhecem, mulheres que esperavam ver um homem de terno, de jeans, com qualquer roupa, mas sempre *vestidos*, as mulheres são chamadas e depois:
rufam os tambores!,
entrada em cena com roupão.

Imagino a cena o tempo todo. Só consigo visualizar roupões de banho brancos, atoalhados. Não sei o porquê. Mas é bem provável que esses sujeitos usem roupões de seda. Desde que escuto essas histórias, passei a criar uma relação totalmente esquisita com meu *próprio* roupão.

A saudação com o roupão de banho – como funciona? Trata-se do prólogo da subjugação que é aguardada? Trata-se de um chamado ao sexo? Será orgulho? Veja só, que pau maravilhoso esse meu? Será que eles acreditam mesmo nisso? Uma mulher chega a uma reunião e daí aparece um pau na sua frente, sem ter sido chamado, sem estar sendo aguardado? Podia ser o começo de uma piada. Como as piadas antigas sobre os malucos. «Chega um maluco, puxando uma escova amarrada num barbante.» Só que aqui elas começam um pouco diferente:
«Chega um pau vestindo um roupão no escritório...»

Deveria dar tesão? Para quem? Qual tipo de tesão que isso propicia ao portador do pau? Tesão pela humilhação?

Não apenas o corpo nu é exibido, mas também a capacidade de controlar, a possibilidade de suspender tudo que faz parte (de um contexto de trabalho), a possibilidade de dominar, de humilhar, ao seu bel-prazer, sempre que for conveniente. E melhor ainda se não for conveniente para a situação, melhor ainda se atentar contra todas as formas, contra tudo o que costuma acontecer num escritório ou numa reunião, contra tudo o que costuma fazer parte do desejo: tesão e carinho mútuos, paixão e entrega a uma outra pessoa.

O roupão de banho está sempre deslocado.

Até agora, não há *nem uma única* narrativa em que o roupão de banho apareça de maneira inofensiva, adequada ou sedutora. *Nenhuma* narrativa na qual o casal quer vestir algo após uma noite de amor, nenhuma narrativa na qual um homem quer excitar uma mulher; uma mulher, outra mulher; um homem, outro homem; uma mulher, outro homem à medida em que a pessoa se exibe, se desnuda, se coloca à mercê do olhar do outro, primeiro de roupão e depois, sem. Nenhuma narrativa na qual o roupão encubra algo que é descoberto lentamente, a própria nudez, a corporeidade vulnerável.

O roupão de banho está sempre deslocado.

Fora de contexto. Da situação. Não é erótico nem prático nem belo.

Apesar disso, diz-se com frequência: «Bem, o que ela esperava? Vai a uma reunião no quarto de hotel – é muita falta de noção, certo?».

Num contexto de trabalho, um homem chama uma mulher subalterna ou subordinada para conversar. Pode acontecer num escritório ou num outro espaço. Em setores sem local fixo de trabalho, em que pessoas têm de se encontrar em diversas cidades para discutir coisas do trabalho, isso pode acontecer com bastante frequência num quarto de hotel, que é reservado para reuniões e conversas. Um homem chama uma mulher para esse lugar, uma mulher que sabe que não está muito protegida porque ganha menos, porque é menos conhecida, menos conectada, menos visível, menos audível, porque é mulher, possivelmente insegura porque nunca esteve a sós com um professor admirado ou apenas famosos, um sacerdote, um produtor, porque como faxineira ela é responsável pela limpeza do quarto do hotel ou das salas de escritório, porque como enfermeira ela é responsável pelo paciente, porque como policial ou soldado ela está subordinada a um superior, porque usa lenço na cabeça,

porque, porque, porque...

porque ela não sabe o que a espera.

E como alguém esperaria por *isso*?

É sem noção a pessoa que espera *não* ser humilhada?
Tem culpa quem espera *não* ser incomodada, atacada, machucada, enforcada? É ingênua a pessoa que *não* conta ter a cabeça batida contra a parede, quem não conta ser arrastada pelos cabelos, puxada até o banheiro, penetrada com violência; tem culpa quem *não* conta com ser mijada e torturada? É de fato tão ingênua a pessoa que espera *não* ser estuprada?

Que tipo de argumentação é esse? Que imagem de ser humano? Que imagem de *homem*? Como mulher, devo considerar inimaginável *não* ser vista e tratada como objeto, como coisa, como corpo disponível, usável?

Que tipo de noção é essa de que pessoas passam pelo mundo tendo de se preparar – sempre e em todos os momentos – para serem objeto de outras pessoas? Como os pais devem explicar isso aos filhos, de que modo uma geração de mães (ou pais) o fizeram? Que tarefa: todos os pais desejam que seus filhos circulem pelo mundo sem medo, que se sintam protegidos e livres, mas também não querem que suas filhas (ou filhos) não saibam o que outras pessoas veem neles ou possam querer fazer com eles. Gerações cresceram com esse conhecimento impreciso a respeito de sua fragilidade – e isso nos acompanha por toda a vida.

Depois de umas duas semanas em meu primeiro emprego, recebi, no escritório, uma ligação do editor. Tratava-se de algo extraordinário. Na época, ele mal dava as caras na redação. Mas vez ou outra fazia umas intervenções pontuais e acabava aparecendo. Amedrontada, peguei o fone e já estava contando com crítica ou repreensão. Em vez disso, do outro lado da linha havia um homem divertido, só elogios para uma matéria minha. Depois de desligar, virei-me e meio departamento estava junto à porta, na expectativa para saber o que ele queria. Antes de eu conseguir explicar alguma coisa, meu chefe à época falou: «Caso ele tenha te chamado para ir à casa dele, vou junto. Você não vai lá sozinha».

Eu *não* tinha sido chamada à casa dele. Mas as histórias de jovens redatoras sendo chamadas pelo editor e recebidas de roupão de banho eram lendárias. Não sei quantas mulheres tiveram de ir até lá sozinhas, antes de mim. Ninguém falava a respeito. Só consigo imaginar o que se escondia atrás desse silêncio. Sei apenas que meu chefe tinha certeza que precisaria me acompanhar.

Havia também um colega mais velho, que dava um jeito de as garçonetes da cantina levarem um pedido até seu escritório e lá as recebia enquanto se masturbava. Com um misto de nojo e diversão, os redatores (quase todos homens) contavam isso entre si e para mim. Mas ninguém teve a ideia de explicar ao colega punheteiro que sua atitude era deplorável. Ninguém queria se sentir responsável, nem aqueles que diziam ter ouvido os gritos das jovens aterrorizadas que saíam correndo do escritório. A assombração teve um fim quando a chefe das garçonetes foi em pessoa levar o pedido e avisou ao colega que ele precisava parar com aquilo. Na minha época, não presenciei uma cena dessas. Apenas ouvi dizer. Mas já foi lamentável o bastante.

A história se encaixava numa atmosfera na qual a mulher tinha de se decidir, a cada vez, se a ultrapassagem dos limites era para ser considerada inofensiva, divertida, na categoria do flerte, ou se era desdém, humilhação e intimidação. Não sei dizer se sempre consegui avaliar isso direito, tanto para mim quanto para outras. Em retrospecto, desejaria ter sido mais autônoma em algumas situações. Em retrospecto, lembro de momentos nos quais eu *queria* considerar inofensivo algo que me deixava constrangida. Mesmo assim, por que aceitei a situação, rindo? Hoje não sei responder. Supostamente vemos com olhos eufemistas situações constrangedoras simplesmente porque não queremos nos sentir constrangidas. Por essa razão, mais tarde fica difícil descrever com sinceridade as próprias experiências. Pois para tanto seria preciso admitir que, já naquela época, o que suportamos de fato não foi agradável. Como fazer a crítica, mais tarde? Provavelmente seria preciso admitir que fomos mais covardes do que desejaríamos ter sido. Seria preciso admitir que a atmosfera de coleguismo, descontraída, às vezes não era tão descontraída assim. Seria preciso admitir que talvez houvesse outras pessoas que ficaram de escanteio, que teriam precisado de mais apoio, de mais proteção.

Sobretudo: para mim, como mulher homossexual, ainda havia – e há – o engano triste-vantajoso de ser considerada como igual pelos colegas homens, mas também como masculina. Fui tratada com especial respeito justamente em contextos misóginos de redações. Fui menos desdenhada como mulher do que outras – apenas porque ninguém me enxergava como uma mulher «de verdade». Tratava-se, ao mesmo tempo, de um alívio e um peso.
À medida em que fui inserida no grupo como «tipo» andrógino, meu status na comunidade de valores subiu.
O machismo triunfava sobre a homofobia. Para colegas gays, tais constelações eram muito mais amargas, porque lhes era negado aquilo imputado a mim: a tão valorizada masculinidade.

Um era tão errado quanto o outro.

Mas talvez esse tenha sido o motivo de o editor nunca ter me chamado à sua casa e me recebido de roupão.

*

«*Tento tornar visível a camada limítrofe – ou, como dizem os técnicos modernos, a interface – entre o saber e o poder, entra a verdade e o poder. Eis o meu problema [...] Não disponho de nenhuma teoria geral nem de um instrumento seguro. Vou tateando e fabrico, da melhor maneira possível, os instrumentos que tornam os objetos visíveis.*»
Michel Foucault, «Poder e saber»[2]

O que significa isso, o poder?
É algo tão maravilhosamente impreciso.

Como se todos soubessem o que é poder.
Como se estivesse claro quem o detém e do que se constitui.
Como se fosse algo estático.

De que se constitui, qual a matéria desse poder que abusa, o poder que não conhece limites, que extrapola, que se imiscui nos direitos, na vergonha, nos corpos daqueles sem poder? Trata-se de uma substância diferente daquele outro poder que sabe se comportar de maneira bondosa? A diferença está apenas na quantidade ou trata-se de outro material, outro uso, outra relação?

O poder geralmente é descrito como forma de dominação,
  que pode ser localizada, que pode ser focalizada, que pode personalizar,
  poder como algo repressivo e vertical, de cima para baixo,
  poder como instrumento que serve à intenção, à vontade,
  ao prazer de uma autoridade,
  poder como poder de uma pessoa, de um gênero, de uma classe, de uma casta exclusiva,
  poder como poder negativo,
  que pode reprimir, impedir, manipular,
  usar, machucar, destruir,
  sem medo, sem castigo, sem consequências,
  o poder do produtor, o poder do dono de hotel, o poder do chefe de departamento, o poder do intendente do teatro, do sacerdote, o poder do supervisor de turno. Poder que consegue quebrar as necessidades, os desejos, a dignidade de outros, poder que consegue humilhar, constranger, berrar, tocar, tampar a boca do outro, tocar o genital do outro, que consegue acossar, incomodar, torturar,

o poder que consegue escolher, excluir, demitir, o poder que pode anular o reconhecimento, limitar honorários, distribuir papéis, fechar portas.

Isso é tão verdadeiro como simplista demais.
Essa é a ideia de poder que leva a slogans como o discurso francês do #meetoo: «*balance ton porc*», «denuncie seu porco chauvinista».
Oh, céus...
Difícil de dizer qual palavra seja a mais inadequada, mas sem dúvida a mais fatal: o «seu» –
desse modo, a experiência traumática é transferida, mais uma vez, à própria subjetividade, e não apenas o ato, mas também o criminoso é vinculado à vítima, «meu» criminoso, «meu» estuprador, «meu» abusador.

A teórica política Wendy Brown chamou isso de «*wounded attachment*», a ligação ao próprio dano. Entretanto, é exatamente isso que deveria ser dissolvido, de onde queremos nos soltar e libertar, as garras do poder.

Existe também o poder do carisma, o poder da proximidade, poder por experiência, por conhecimento, por aura, poder que gera admiração e que é confirmado pela admiração.
Trata-se, talvez, da forma menos compreendida de poder, ou aquela que é tão facilmente negada no discurso público.
Surge então um questionamento inócuo: «Mas por que ela não se defendeu?», «Mas por que ele não protestou?».

Isso mascara, por fim, a contingência e também a ambivalência que podem caracterizar as relações de poder ou de impotência. Mascara que a impotência pode estar ligada não apenas ao medo, mas também ao amor e ao afeto.

Uma mulher síria que fugiu junto com o marido para a Alemanha, que não tem a segurança de um *status* de refugiada, que não fala alemão, que vive numa cidade estranha, sem pessoas em quem possa confiar, sente-se, em sua solidão social, indefesa frente às surras do marido, que é a única pessoa de referência que ela tem.

Em sua gratidão e afeto, uma mulher acamada, idosa, que é assistida por um cuidador, que lhe traz comida ou que a banha, sem o qual ela não consegue sair da cama, do quarto, do asilo, sente-se à mercê e indefesa quando essa pessoa a molesta sexualmente.

Uma aluna, que quer corresponder às expectativas dos colegas, que quer ser igualmente reconhecida como os outros, uma aluna que quer beber com eles, festejar com eles, que não quer ser vista como covarde, como não descolada, como imatura, não tem coragem de se defender contra o grupo de colegas que abusam sexualmente dela. É possível que ela nem saiba direito qual seria sua vontade, porque ninguém lhe deu tempo de desenvolvê-la, porque ela foi dopada, porque ela foi filmada e depois foi chantageada, porque...

Um aluno que quer corresponder às expectativas dos colegas, que quer ser igualmente reconhecido como os outros, um aluno que não quer beber, não quer festejar, mas não quer ser considerado covarde, «maricas», não quer ser considerado «boiola», não ousa sair da brincadeira dos colegas que não é mais lúdica, mas sim ofensiva e coercitiva.

Um doutorando *queer*, orientado por uma admirada professora *queer*, cujos textos ele venera, cujo carisma o impressiona, não quer rejeitá-la quando ela o pressiona, não apenas porque ela pode decidir sobre sua carreira, mas possivelmente também porque com o medo mistura-se a incredulidade de que uma pessoa tão inteligente possa, de maneira tão egoísta, extrapolar todos os limites do profissionalismo e da responsabilidade.

Precisamos de uma fenomenologia das dependências emocionais, nas quais todas as definições vagas de poder como dominação se perdem. Dependências emocionais não existem apenas em relacionamentos hierárquicos inequívocos, há também constelações de poder que amarram de jeitos diferentes, que aprisionam, influenciam ou se estruturam de jeitos diferentes.

O poder é multifacetado. Ele existe também como poder sem lugar definido, onipresente, não ligado a uma coisa específica. A força produtiva, que também cria a subjetiva,
 que ela subjuga,
 é um poder sem centro, estratégico, mas sem um estrategista único.
 O poder que age por conceitos e códigos,
 o poder da lembrança e do silêncio, que é passado de geração a geração,
 o poder da negação daquilo que uma família quer reprimir, que uma sociedade quer negar,
 o poder das práticas e dos costumes, que se imiscuíram tão naturalmente no *habitus*, de modo que não são mais objeto de reflexão,
 o poder do desprezo em relação às classes precárias, que nem são mais chamadas assim, pois tão supérfluas devem ser,
 o poder das estigmatizações, que não precisam nem mais ser explicitadas, mas que estão tão inseridas na gramática social que a acompanha feito associações silenciosas,

o poder das imagens e dos padrões que definem na publicidade, nos filmes, nos *games*, na música o que ou quem consideramos ter ou não ter valor.

É esse poder que também decide em quem e em quem não acreditar, que vai definir qual abuso é divertido e aceitável, que vai considerar qual coação é inofensiva e culpa de quem a sofreu, como sendo parte do modelo de negócio, parte da cultura do trabalho; é esse poder que decide quem tem coragem de falar, quem recusa a vergonha ou a dita cumplicidade na humilhação; é esse poder que também decide quem será ajudado, quem faz parte, quem será protegido, para quem o pacto de silêncio será quebrado, qual cor de pele, qual tipo de roupa, qual *status*, qual feminilidade é considerada mais protetora do que outras.

É o poder produtivo, criador, criativo, que não destrói apenas, mas gera, o poder dinâmico, polimórfico, que projeta imagens e autoimagens, não uma vez, mas de maneira contínua, que não se inscreve somente nos corpos e nos gestos, mas em sensações e convicções, no conhecimento não explícito, nos costumes ditos e não ditos.

É sobre esse poder que temos de pensar e que precisamos mudar.

Para torná-lo visível, não tenho «nenhuma teoria geral nem instrumento preciso».

Talvez por isso eu escreva sobre poder e igualdade dessa maneira estranha, indeterminada, em miniaturas e fragmentos, talvez eu só seja capaz de prosseguir procurando, alternando os gêneros, às vezes de modo narrativo, às vezes analítico. Talvez a questão necessite dessa inconclusão para que sempre seja entendida como convite à reflexão conjunta. Talvez eu inicie escrevendo algo que primeiro deve ser falado, um texto que precisa funcionar oralmente. Talvez porque essas questões sigam me deixando insegura, porque minhas próprias intuições não são sempre precisas, porque é claro que as velhas imagens e convenções também passam por mim, porque sei como são precárias, como todas as certezas são frágeis quando têm de se sustentar no diálogo com outros. Acima de tudo, porém, porque acredito que movimentos emancipatórios muitas vezes começam com histórias que contamos entre nós, na conversa protegida, suave, cuidadosa do grupo de amigos, na família, nos relacionamentos, com um único ou vários interlocutores.

Temos de avançar, tateando, e procurar por instrumentos com os quais possamos questionar nossas práticas e convicções. Para mim, isso significa escrever numa forma diferente, híbrida: mais exposta, mais incerta, mais aberta.

*

Não vi o tapa propriamente dito.

O tapa com o qual o marido castigou, bateu, humilhou a esposa, o tapa com o qual o marido machucou a esposa, o tapa que atingiu a pele, o rosto, a cabeça, a autocompreensão, o tapa que não foi o primeiro e que não terá sido o último, o tapa que ruiu a relação antes de ela ruir, o tapa que destruiu o que Jean Améry um dia chamou de confiança no mundo, ou seja, a confiança de não ser atacada, o tapa que foi manifestação de violência contra uma pessoa amada, o tapa que atingiu a mulher enquanto o filho estava no mesmo cômodo, o tapa que o filho deve ter ouvido,

esse tapa se transformou:
de um ato de violência, de algo que o marido infligiu, para algo que, de algum modo, parece ter sido infligido a ele...

O tapa, cujas marcas pude ver no rosto da esposa, mais tarde parece não ter machucado a esposa, o tapa parece ter sido um tapa que atingiu o homem – não ela, que foi atingida por ele –, o tapa parece ter sido um tapa que *o* humilhou – não ela –, o tapa que infligiu sofrimento a ela parece ter infligido dor a ele, mais ainda: o tapa, que foi dele, na sequência parece não ter sido dele, não partiu dele, mas das circunstâncias, de algo que ele não consegue controlar, algo que está além dele, que está preocupado apenas consigo mesmo, não com ela, não com a esposa, cujo rosto estapeou, motivo pelo qual a mulher não quer que se *fale* sobre o tapa que recebeu.

O tapa não era mais o tapa. O tapa era o silêncio sobre o tapa.

Ela não diz isso. Ou não no primeiro momento.
Ela apenas balança a cabeça. Lágrimas escorrem pelo seu rosto, sobre a superfície vermelha, que não dá para desaparecer balançando. O tapa tinha ocorrido no cômodo ao lado. Tínhamos sido convidados para o jantar. Dois homens, que eu não conhecia, e eu tínhamos sido convidados por uma amiga, que chamarei de Nadia, e o marido ao seu belo apartamento. Mas já nas entradas surgiram pequenas deselegâncias, o homem reclamava de Nadia, daquilo que ela havia cozinhado, ainda um tanto reprimido pelas convenções sociais – e por nossa presença. Ou talvez nossa presença tenha aumentado seu prazer pela deselegância. Talvez fôssemos o público, sem o qual as deselegâncias não valiam a pena. Talvez a pose do poder necessite de

uma arena na qual ela se exiba. Pequenas ultrapassagens dos limites da maldade. Talvez eu tivesse de ter expressado meu desconforto já naquela hora. Em vez de ressignificar o comportamento nojento dele como sendo brincadeira, ao trocar sorrisos forçados com a esposa e os outros à mesa. A quem eu queria facilitar as coisas?

Nesse momento, eu a deixei sozinha. Eu *tolerei* a maneira como ele a humilhou.

Por que fazemos isso? Por que não é possível parar tudo de repente? Por que reprimimos a intuição correta de chamar pelo nome aquilo que consideramos inaceitável ou inadequado? Quais mecanismos nos silenciam? Quais formas sociais, qual constrangimento força alguém a fazer o que é errado?

Acho que nos contemos nessas situações porque não queremos criar uma cena, não queremos interromper o transcurso harmônico de uma noite agradável. Entretanto, a noite *já deixou* de ser agradável.

Toleramos – pelo bem da harmonia – humilhações não harmônicas.

A carga sempre está deslocada por algum motivo. Quem não quer suportar ultrapassagens de limites sente-se mal ou mal-educado. Quem quer falar sobre algo inadequado tem um sentimento de inadequação.

Por que é assim? Por que as pequenas maldades, as humilhações contra Nadia, se misturam naquilo que poderia ser uma noite alegre, descontraída? Por que uma objeção (como sempre expressa com ironia ou leveza) seria considerada como perturbação inadequada?

Ou será que não seria considerada inadequada? Será que não se trata apenas de algo que nos foi ensinado geração após geração: não criar confusão, suportar as coisas que nos humilham, os «humores», compensar o comportamento abusivo dos outros e aguentá-lo, perdoá-lo e evitar conflitos?

Ou será que uma objeção humilharia Nadia mais uma vez? Será que eu estava esperando que ela se defendesse? Será que eu falar por ela teria sido um constrangimento adicional, será que teria sinalizado que ela precisava de uma advogada? Ou será que foi apenas covardia?

Estávamos sentados à mesa. Nadia tinha ido ao cômodo ao lado para dar uma espiada no marido e no bebê. Pelo que me lembre, o bebê tinha chorado e ele se levantou da mesa para acalmá-lo. Como estava demorando, Nadia foi atrás. E desapareceu por um tempo surpreendentemente longo. Nós ficamos conversando, tentando passar o tempo até que um dos dois anfitriões retornasse. Foi um pouco constrangedor. Não nos conhecíamos e, de repente, estávamos sentados sozinhos, sem aqueles que haviam nos convidado.

Mais tarde, um dos outros convidados disse que ouviu o tapa. Eu não. Eu apenas vi como Nadia voltou. Ela se sentou no mesmo lugar de antes, assumiu o papel de anfitriã como antes, continuou conversando como antes. Ela queria prosseguir com a noite do ponto em que havia se levantado e saído, o tempo do intervalo, o tempo no cômodo ao lado, o tempo em que foi surrada pelo seu amor, seu marido, pai de seu filho, esse tempo devia ser excluído. Ela queria que não tivesse acontecido o que aconteceu, não queria falar a respeito, como se falando a situação se tornasse real, como se a partir de então não fosse mais possível negá-la.

Ela estava sentada lá, uma mulher e amiga inteligente, moderna, e lágrimas corriam por seu rosto. Ela não queria falar. Queria servir o próximo prato. Não queria interromper o curso. Não queria desviar daquilo que tinha imaginado para a noite, mas a noite não era mais o que havíamos imaginado que poderia acontecer numa noite.

Isso não era das coisas que não podiam mais acontecer na nossa geração? Não éramos jovens, autoconfiantes, esclarecidas e sabe-se lá mais o que, sabe-se lá o que pensamos que nos protegeria de ter de reagir contra a violência doméstica?

Demos um pulo rápido na cozinha, nós duas, os amigos permaneceram à mesa. Na cozinha, pudemos conversar. A cozinha como espaço protegido.
Um clássico.
Que engraçado, percebo agora. O casal homoafetivo sozinho à mesa de jantar, o marido abusador desaparecido, as duas mulheres na cozinha. Preparando o próximo prato para, em meio a movimentos hábeis das mãos, conversar sobre a mão do outro.

Ofereci o que me parecia ser a única coisa certa: levá-la dali imediatamente, com o filho. Alojá-la em casa. Ir a uma advogada. Só não ficar lá. Não fazer como se nada tivesse acontecido. Só não declarar ser normal o que não era normal. Só não cobrir com uma forma burguesa o que não podia ser coberto.

Tudo o que ela queria é que ficássemos, que não fôssemos embora, que simplesmente comêssemos juntos e conversássemos. Como se nada tivesse acontecido.

Ficamos.

Contra minha própria convicção. O que mais podíamos fazer? Estávamos sentados frente a frente e conversávamos, não sei mais sobre o quê, sobre alguma coisa, alguma coisa que só não podia ser aquilo sobre o que queríamos falar: o tapa.

Estávamos sentados lá e, por amor à nossa amiga, estávamos participando de uma farsa que não tinha nada de divertido; estávamos sentados lá, aguardando, minuto após minuto, por um fim.

Só queríamos ir embora. Tudo estava errado.

O homem, aliás, também não apareceu mais. Ficou no quarto da criança.

Em algum momento, acabou.

Lembro-me ainda do instante em que nós, os convidados, estávamos do lado de fora, diante da porta, na rua – sem saber o que fazer. Tínhamos deixado a amiga para trás. Era o que ela queria. Tínhamos sido liberados para a noite, envergonhados do próprio papel, testemunhas sem ação, testemunhas sem poder agir, cúmplices de algo que nunca queríamos ter vivenciado ou tolerado: violência doméstica.

Nadia ainda viveu alguns anos com o marido antes de se separar.

Deixei de acompanhar esse tempo de perto. Não podia: encontrar com o homem como se nada tivesse acontecido, assistindo na condição de amiga como Nadia era maltratada, como não conseguir achar um caminho para sair daquele relacionamento, como procurava por motivos para justificar a violência do marido ou para acreditar que não tinha sido culpa dele, para o fato de ele só bater vez ou outra, para... A lista de justificativas que homens e mulheres elencam quando tentam explicar a violência de seus companheiros é infinita, os motivos vão se sucedendo, mas eles não mudam em nada a falta de justificativa da violência.

Tenho vergonha de não ter ficado ao lado de Nadia; entretanto, suponho que isso me resguardou de uma vergonha ainda maior que teria sentido caso tivesse ficado ao seu lado como uma observadora compulsória.

Não fui uma boa amiga. Essa teria ficado independentemente de quão mal se sentisse na hora. Talvez. Mas talvez não. Tento me convencer de que minha recusa em aceitar a violência como algo normal talvez tenha lhe ajudado, no fim das contas, a considerar a violência como algo... não normal.

Talvez.

Talvez não haja nenhum «certo» numa história dessas. Talvez esses tapas resultem nisso mesmo: eles prejudicam todo mundo, machucam todo mundo, todos mergulham numa escuridão que apenas termina quando saímos do raio da violência e escapamos.

Talvez nem mesmo nesse momento.

Quem algum dia esteve metido nessa situação, conhece as sombras.

Quem algum dia esteve metido nessa situação, evita não apenas a violência como também, de antemão, seus menores indícios.

Quem algum dia esteve metido nessa situação, não suporta a violência ser tratada de maneira eufemista, ser minimizada, banalizada, justificada, negada, reprimida, carregada com hipotéticos motivos bons ou nobres.

Naquela época, só consegui pensar em duas reações: levá-la comigo ou deixá-la ali, como era seu desejo.

Simplesmente ir até o quarto onde o homem se escondia, falar com ele, chamar as coisas pelo nome, confrontá-lo – não me ocorreu que eu não tinha medo de agir assim.

Nem cheguei a pensar em fazê-lo.

P.S.:
A cada 24 horas, um homem tenta matar sua mulher na Alemanha. A cada três dias, um deles consegue. Em 2017, 147 mulheres foram mortas pelo parceiro ou ex-parceiro. As mulheres são esfaqueadas, enforcadas com uma corda, atiradas grávidas dentro do rio, espancadas à morte.

Em 2017, a polícia registrou consideravelmente mais vítimas de violência doméstica que no ano anterior. Segundo a avaliação das estatísticas criminais da polícia federal da Alemanha sobre violência conjugal, em 2017, na Alemanha, 138.893 pessoas foram abusadas por parceiros ou ex-parceiros. Entre elas, 113.965 eram mulheres; ou seja, 82%.

Em 2016, cerca de 109.000 mulheres foram vítimas de violência conjugal. O aumento no ano de 2017 se deve sobretudo ao fato de novas categorias terem sido contempladas pela estatística, diz Franziska Giffrey,* ministra da Família: «Por exemplo, cerceamento de liberdade, prostituição forçada e proxenetismo. Se as excluirmos, o número permanece estável».[3]

Em 2004, o Ministério Federal da Família publicou um estudo abrangente sobre a violência contra mulheres, que serve de referência até hoje para muitas pesquisas e relatórios.

O estudo chegou ao resultado de que a maioria das ações violentas, sexuais e físicas contra mulheres aconteceu na própria residência da vítima.[4]

*

O etnólogo Clifford Geertz descreveu o que é uma *descrição densa*, referindo-se a um conceito do filósofo Gilbert Ryle.[5] Para tanto, usou o exemplo de três garotos que, a princípio, fazem a mesma coisa. Todos os garotos movimentam rapidamente a pálpebra do olho direito para cima e para baixo. Eles *piscam*.

Entretanto, o piscar do primeiro garoto é um *tremor* involuntário. É mais um tique nervoso.

O piscar do segundo garoto é um sinal para outra pessoa. É uma *piscadela*. O movimento do primeiro garoto pode ser igual ao movimento do segundo. Visualmente, eles não são diferenciáveis. Mas a piscada do primeiro acontece de maneira involuntária, sem controle, não dirigida a ninguém.

O piscar do segundo garoto, por sua vez, é consciente e tem um destinatário.

---

* Trata-se do Ministério Federal da Família, Terceira Idade, Mulheres e Juventude, ocupado por Giffrey entre 2018 e 2021 [N. T.].

A piscadela é comunicativa, tem um significado social. Há códigos culturais para tanto: o interlocutor pode – de maneira cúmplice – sentir que está sendo abordado.

O terceiro garoto faz o mesmo movimento: pisca com o olho direito. Mas ele quer ridicularizar o movimento do primeiro garoto. Ele parodia o tremor, imita o movimento. Talvez ele até tenha ensaiado o arremedo odioso em casa, defronte do espelho.

A partir desses exemplos, Geertz classifica o que chama de *descrição superficial* e *descrição densa*. Uma descrição superficial refere-se apenas à ação percebida: o movimento acelerado, de abre-e-fecha, da pálpebra direita. A descrição densa, por sua vez, envolve a intenção, o contexto social, os códigos culturais e os interpreta nesse contexto de sentidos.

Para podermos falar sobre importunação sexual, abuso sexual ou ataques, precisamos de uma descrição densa.

Um gesto único não permite qualquer conclusão. Não dá para avaliar, indignar-se, julgar nada se a única coisa que temos é a descrição de uma ação única. Os resumos midiáticos, nos quais se fala apenas de «passar a mão», não fazem sentido. Eles não significam nada além do «movimento acelerado, de abre e fecha, da pálpebra».

«Passar a mão» é, a princípio, nada mais do que o toque súbito do corpo de outra pessoa. Desse modo, pode se passar a mão numa perna, num braço, na bunda. E não é possível interpretar isso sem mais informações sobre a intenção, o contexto, o destinatário, sem a compreensão dos códigos e ritos que valem numa determinada situação social, numa determinada cultura. O movimento da mão pode ser animado, ridículo, familiar e, em numa determinada situação, pode ser considerado, por ambas as partes, como lúdico, passional, excitante. E pode ser inadequado, invasivo, humilhante, ofensivo e ser considerado assim por uma ou por ambas as partes. Num *dark room*, entre desconhecidos, pode significar algo diferente do que num quarto entre amantes e algo diferente do que num escritório entre colegas de níveis hierárquicos diferentes.

Muitas controvérsias em relação ao movimento #*metoo* surgem do fato de que cruzamos descrições superficiais e descrições densas. Via de regra, uma pessoa – um homem ou uma mulher – conta uma história, descreve uma experiência muito concreta, num lugar específico, num contexto cultural, social, histórico, na qual ele ou ela são tocados de maneira inadequada ou abusiva, com um movimento descrito como «passar a mão».

A crítica que reage a tais narrativas se defende com descrições superficiais. Dizem então que a coisa é «ridícula», que «passar a mão» é inofensivo, que «flertar» se tornou impossível, pois não se pode mais «passar a mão». E dizem ainda que todo o debate conduz a uma cultura «ascética».

Mas o «passar a mão» neutro (o tremor da pálpebra) é contraposto a um toque absolutamente abusivo (a piscadela desdenhosa). Às vezes também uma descrição densa é confrontada com outra descrição densa, totalmente diferente – como se uma pudesse ser uma resposta à outra.

«Sempre esses detalhes.»
Já posso escutar as objeções contra descrições densas.

«Todas essas cenas constrangedoras têm de ser divulgadas? Para quê?»

Serve em diversas circunstâncias: sem os detalhes, é difícil avaliar a credibilidade das afirmações. Sem as descrições densas, não é possível compreender o que aconteceu exatamente, qual foi o abuso propriamente dito, se foi dar em cima, assédio, coerção, se foi o aproveitamento de uma posição de poder ou outra coisa. Sem as cenas concretas, não é possível procurar por indícios que permitem supor a história como provável ou improvável. Quem quer ser justo, quem quer diferenciar, quem não quer demonizar ações sexuais *per se*, precisa de descrições densas.

Qual o problema das descrições densas?

Elas geram apenas *casos únicos* e o que é pior: casos únicos com tal abundância de detalhes e concretude que algumas pessoas consideram obscena, supérflua ou mesquinha, e em alguns casos é exatamente isso.

Para quem *não* quer refletir sobre relações de poder, para quem *não* quer refletir sobre sustentações ideológicas, para quem *não* quer refletir sobre as condições sociais, políticas, econômicas que facilitam, incentivam, protegem tais comportamentos individualmente, para essas pessoas as descrições densas são um sonho. Pois elas explicitam em primeiro plano apenas o comportamento abusivo num caso individual, numa situação específica. Não é possível derivar nada daí. Não há conclusões. E ninguém precisa refletir sobre o próprio pensamento, as próprias rotinas, os próprios gestos, a própria maneira de se comportar e de falar.

Quem tem intenção de criticar essas práticas como sendo práticas toleradas social ou politicamente precisa sempre checar se *ambos* podem ser mostrados e argumentados: um caso concreto com uma descrição densa e, se possível, mais um caso concreto e mais um caso concreto que podem ser comparados – a fim de reconhecer semelhanças e diferenças estruturais, premissas ideológicas, práticas discursivas e não-discursivas que normalizam o abuso e a violência.

Às vezes, não é possível concluir nada a partir de um caso individual. Nem todo caso é típico, sintomático, possível de ser generalizado.

E às vezes a crítica de uma estrutura é geral demais, abstrata demais, com excesso de afirmações políticas e falta de comprovação específica.
Quem quer explicar as questões do abuso de poder e da violência sexual não apenas como questões jurídicas e individuais, mas também como questões sociopolíticas, culturais, ideológicas, não acha facilmente um gênero que seja preciso e ainda assim justo, concreto e ainda assim político.

*

O que posso dizer a respeito? Ou então: como «quem» posso dizer algo a respeito?

Aqueles que desaprovam o desejo homossexual por considerá-lo perverso, não natural, doentio, e mesmo aqueles que se consideram «tolerantes», costumam negar a masculinidade aos homens homossexuais e a feminilidade às mulheres homossexuais.

A multiplicidade das corporeidades, a multiplicidade das formas lúdicas, dos gestos, a multiplicidade de ser feminino ou masculino ou algo

*entre
a caminho
para além disso,*

essa multiplicidade é constantemente sobreposta por imagens e conceitos distorcidos.

E essas imagens e conceitos deixaram
alguém como eu,
 ainda criança, de fora.
 Eles não eram adequados. Continuam não
sendo adequadas.
Não é que *eu* não me adeque às normas, e sim que as normas não são adequadas a mim.
Sempre existiu ou existe algo de mais ou de menos, muito pesado ou muito leve, em geral muito inequívoco.

Não gosto da monocromia.

Trata-se de limites e umbrais pré-definidos, que deslocam a pessoa, tiram-na do território ou não a deixam entrar. Eternamente do lado de fora. Sem que esse fora passe a impressão de ser errado. Como se esse estado de exílio fosso um lugar próprio, *always displaced*, além e exatamente correto, com prazer, desejos, sexualidade vividos, com amigos e namoradas, que também estão em casa nesse além móvel – quando estava crescendo, eu não sabia o nome disso; mais tarde, não quis saber o nome, pois achei que qualquer nome viria acompanhado de mais limitações. Exatamente essas normas e códigos que eu consideraria indesejados ou inadequados, mais uma vez estáticos, mais uma vez não dinâmicos.

Talvez o conceito de «*queer*» seja o mais preciso, menos como adjetivo, mas como verbo, *to queer or to queer something*: subverter algo, cruzar, apodrecer, estragar. Sempre estrago o que se deseja essencial, que aglomera de modo identitário, o que quer novamente definir regras, condições, «verdadeiro» e «falso», «autêntico» e «inautêntico». Sem nenhuma má intenção. Acontece por si.

De todo modo, posso antecipar como me será negado poder comentar sobre o #*metoo*, porque, como pessoa queer, nega-se minha perspectiva feminina *per se*.

Quando as mulheres são ridicularizadas, importunadas, desrespeitadas, é como se não fosse comigo. É como eu não tivesse qualquer experiência com as diferentes formas do desrespeito misógino ou do machismo.

Esse é um dos motivos difíceis de serem confessados sobre porque hesitei em me manifestar nesse debate, porque me convenço de que primeiro preciso justificar que tenho direito de falar. Nisso, já permiti que a perspectiva feminina me fosse destituída. Como se eu não pudesse falar como, simultaneamente, sujeito e objeto do desejo.

Há outra pergunta encaixada aí – e talvez ela me toque ainda mais: qual o papel da própria identidade para a possibilidade da identificação ou da empatia?

O discurso público assume por vezes que a pessoa precisa pertencer a determinado grupo, ter passado por determinadas experiências, para compreender essas expectativas e conseguir se manifestar.

É assim mesmo? Apenas quem sofreu danos sociais, discriminação racial, abuso sexual, violência, pode falar a respeito? Qual o significado dessa limitação para o discurso público? Qual o significado para minha própria escrita, que se dedica sobretudo às experiências de outros, em outros países, outros contextos, outros ambientes?

No debate contemporâneo, surgem duas alegações diferentes:

Primeiro:
As experiências dos outros não são reproduzíveis ou *compreensíveis*.
Está certo? É verdade?

Claro que é mais *fácil* uma pessoa que corresponde à norma pensar que as normas não são importantes.
Claro que para aqueles,
que não são vistos como pertencentes numa sociedade,
claro que para aqueles,
que nunca foram parados em batidas policiais,
para aqueles
que só precisam mostrar uma vez o bilhete e o documente de identidade no trem e não o tempo todo,
para aqueles
que sempre recebem uma resposta quando enviam um currículo,
para aqueles
que não são rejeitados por corretores de imóveis,
para aqueles
que são convidados a entrar pelos leões-de-chácara na frente das baladas,
para aqueles
que recebem os formulários das autoridades sempre corretamente endereçados,
para aqueles
que não precisam ir de seção em seção, que não precisam pular de formulário em formulário, para

aqueles que conseguem comer o que têm vontade porque podem pagar,
    para aqueles
que descobrem personagens em filmes que se parecem consigo mesmos,
    para aqueles
que não aparecem nas letras de música sistematicamente como fracos ou perversos,
    para aqueles
que são considerados indivíduos – e não pertencentes a um grupo, representantes de uma cultura,
    para aqueles
que são vistos não como identidade, mas como pessoas,
    é mais *fácil* pensar
que não há discriminação.
    Porque ela não faz parte do próprio cotidiano.

Apesar disso, é possível ter empatia e entender o que significa sofrer discriminação. É possível entender de maneira abstrata, como estrutura e mecanismo de exclusão, mas também de maneira concreta, quando ouvimos alguém falar a respeito.

Para ter empatia com as experiências dos outros, é preciso apenas saber que *nem todas as pessoas se parecem, vivem, acreditam ou amam como nós*.
    É preciso entender que as condições da própria existência *não são passíveis de ser generalizadas*.

É preciso disposição para aprender algo novo.
    Saber dos outros o que eles vivenciaram e não classificar de pronto a narrativa como improvável – só porque nós mesmos nunca passamos por isso.

É apenas preciso ter a curiosidade de ouvir como é o cotidiano de não brancos ou pessoas de outras crenças ou de desempregados ou, simplesmente, de *mulheres*.

Por outro lado, isso significa também que aqueles entre nós que, em *determinadas* circunstâncias, são mais vulneráveis, que talvez tenham um *pouco* mais de experiência com violência, com abusos, com desdém e marginalização, têm de compreender que isso *não* faz parte do cotidiano dos outros; que aquilo que nos é habitual seja uma experiência que espanta os outros quando ficam sabendo que a dor e a tristeza fazem parte de nós como a felicidade; que temos de *explicar* ambas as coisas, com paciência, o tempo todo.

Muitas vezes, consideramos a hesitação ou o espanto dos outros como desconfiança ou rejeição. Reagimos magoados porque nos parece inimaginável que outros não consigam (ainda não consigam) imaginar nossas experiências cotidianas.
Isso é o que *nós* temos de aprender.
Ter mais paciência.
Não achar imediatamente que não saber é igual a não querer saber.
É cansativo. Alguns, em alguns dias – não, em muitos dias – simplesmente não têm força para tanto. Estão exaustos.
Mas precisa ser assim, caso queiramos mudar alguma coisa.

Eu havia escrito isso até o movimento do #*metoo*. Até exatamente o ponto de dizer que a árdua narrativa sobre experiências de exclusão, de racialização, de dor, encontram (não apenas, mas com frequência) uma rejeição maciça.

Quando imigrantes, homens e mulheres, *People of Color*, muçulmanos, judeus e judias deixaram que nós, alemães brancos sem passado de imigração, participássemos das desvalorizações às quais são expostos dia após dia, quando eles *não* generalizaram, mas sim descreveram vivências exemplares,
muitas vezes não acreditaram neles,
muitas vezes foram acusados de ser lastimosos ou excludentes,
essas experiências foram muitas vezes desdenhadas como produto da imaginação, vaidade, sensibilidade exagerada, ingratidão.

Não sei se escreveria de novo aquilo que escrevi antes: que aqueles que, em diferentes circunstâncias, têm mais experiência com marginalização e exclusão, realmente precisam ser mais pacientes. Se eles realmente devem ou precisam ter a força para explicar essas experiências. Se isso às vezes não é demais. Se eles também não poderiam dizer às vezes: «Não aguento mais. Não quero mais...».

Em segundo lugar:
A segunda opinião não duvida que as pessoas possam compreender as experiências de outras, mas exige que elas não *devem* se manifestar.

Isso é fatal.

Alguém que nunca foi abusado sexualmente, que nunca foi humilhado ou diminuído *nem* conhece pessoalmente a dor de uma experiência dessas também deveria ter o direito de se manifestar. Desigualdades estruturais ou relações assimétricas de poder também são criticáveis por pessoas de fora do grupo que é colocado em desvantagem por isso.

Também aqueles que receberam seu quinhão de privilégio e *status*, seja pelo nascimento, pelo pertencimento a determinada classe, cultura, nação, pode questionar esses privilégios. Talvez não seja tão fácil notar ou reconhecer as ofensas quando não as sentimos diariamente na própria pele como exclusões concretas. Mas isso não quer dizer que não possam ser compreendidas e criticadas. Mesmo sem experiência própria é possível chamar pelo nome e criticar as estruturas e as lógicas de exclusão e inclusão, de pertencimento e não pertencimento, de igualdade e desigualdade.

Por que os brancos não deveriam também poder se manifestar criticamente em relação ao racismo estrutural; os heterossexuais em relação à homofobia; os ateus em relação à liberdade religiosa; os homens em relação ao sexismo? De minha parte, espero isso deles.

Não há um dia em que eu não pense: «Por favor, será que hoje podem chamar alguém diferente para explicar isso?» Ou em que não fique constrangida porque de novo judeus foram convocados a falar sobre o antissemitismo, porque muçulmanos têm de defender o uso do véu como *uma* possibilidade de prática religiosa etc.

Sem a capacidade e a possibilidade da reflexão para além das próprias necessidades, para além do próprio grupo, classe, estilo de vida, sem o desenvolvimento de conceitos e comparações entre diferentes experiências, não é possível se pensar em justiça, reconhecimento, liberdade.

Um discurso que por muito tempo permite exclusivamente a articulação das próprias necessidades, das próprias perspectivas, mutila-se num monocórdio coletivo e seriado.

A diversidade das vozes e das experiências, a reflexão sobre a(s) própria(s) posição(ões) são necessárias, assim como a adoção de outra perspectiva, o colocar-se em relação aos outros e às estruturas nas quais nos encontramos a cada vez. Isso se dá quando somos honestos, de maneira permanente, pois nunca é apenas uma posição, nunca é apenas um contexto, nunca é apenas uma configuração de poder nos quais estamos situados. Ao contrário, nos localizamos em hierarquias e constelações muito diferentes entre si. Diferentes experiências de discriminação se sobrepõem, mas também de privilégios, e há alianças que se alternam, coisas em comum que se alternam, diferenças e distinções que se alternam para cada pessoa.

Para mim, é indispensável sempre ter no horizonte essas diferentes conexões. Refletir sobre as circunstâncias nas quais sou incrivelmente protegida e privilegiada. Poupada de muita coisa que pessoas em outras regiões do mundo ou aqui, bem perto de mim, que vivem em outros contextos sociais e culturais, têm de suportar. Manter-me consciente dessa imerecida contingência: ter condições de viver e trabalhar como vivo e trabalho, permanecer humilde mesmo sabendo de como minha posição social me protege de experiências que afetam outros, dia após dia.

Entretanto, *ao mesmo tempo* há aquelas circunstâncias e contextos nos quais a experiência da exclusão, do ódio, da ameaça, me marca impiedosamente, em cada fibra do meu corpo; como leis, textos, práticas – na Alemanha mas também em inúmeros países do mundo – me identificam como diferente, me criminalizam; como ainda é precária minha dignidade grandiosamente prometida, como é posta à disposição a cada dia. Também aqui. Não apenas nos países distantes. Mas eu própria não preciso ser vítima de práticas e estruturas excludentes para criticá-las.

A desigualdade não será eliminada caso não seja criticada também por aqueles que dela se aproveitam.

Ter condições de falar, de manifestar crítica frente a uma prática ou uma estrutura que não exclui a própria pessoa, mas outros, não significa *precisar* fazê-lo em todos os momentos nem ser a primeira ou a última voz a se levantar.

Às vezes não é a autocensura, mas apenas o tato humano, que nos faz dar prioridade ao outro, ouvi-lo, prestar atenção em sua autodescrição e suas narrativas e vincular-se a elas. Se determinadas vozes e perspectivas foram historicamente marginalizadas, então é preciso conceder a essas pessoas e suas perspectivas a autoria de suas histórias – e não as reprimir ao falar «por elas». Mas pode ser uma tarefa pessoal primeiro liberar esse espaço, contribuir para abri-lo, contribuir usando a própria posição para tornar a narrativa dos outros mais audível, mais visível.

Por que então estou falando aqui? Como quem?

O lugar do qual falo é de alguém que ama e deseja, que ama e deseja *mulheres*, que presta atenção em mulheres e que é objeto de atenção de mulheres. Esse lugar poderia ser relevante porque falo potencialmente como alguém que enxerga, pensa, deseja mulheres como interlocutoras sexuais e, ao mesmo tempo, enxerga, pensa, deseja *como* mulher. Ele também poderia ser relevante apenas porque há uma pessoa que olha, pensa, deseja.

*

Em 2001, estive no Afeganistão com o fotógrafo Thomas Grabka. Em Cabul. As tropas americanas e suas aliadas da Aliança do Norte tinham tomado a cidade. «Libertado» a cidade do Talibã, como se dizia à época. Num dos primeiros dias, descobrimos, um tanto afastado do antigo palácio real, um pequeno prédio diante do qual um grupo de milicianos da Aliança do Norte estava reunido. Tratava-se do «Museu Nacional», explicou-nos um dos soldados, e sua improvável tarefa era a de protegê-lo da destruição. Conversamos com os soldados e eles nos convidaram para um chá num minúsculo posto de vigilância. Nos sentamos no chão e fomos servidos por um garoto.

Era difícil adivinhar sua idade. As mãos eram de alguém acostumado a trabalhar com elas, a trabalhar pesado; imaginei que essas mãos sabiam lidar com animais ou com um arado ou que já tinham construído cabanas. Essas mãos estavam colocando o bule d'água para ferver, prepararam e serviram o chá. Ele era tão silencioso que toda sua pessoa parecia se dissolver; estava presente, mas sem concretude, invisível, embora fosse visível. Depois de nos servir, desapareceu num cômodo lateral, agachou-se e começou a remendar, com essas mãos, os casacos dos uniformes dos soldados.

Naim, vou chamá-lo por esse nome, era um «prisioneiro particular» da Aliança do Norte, trazido do Paquistão, tinha sido arrastado pela guerra não como criança-soldado, mas como escravo, sobre quem era possível despejar tudo, a quem era possível exigir tudo que parecesse necessário. Não dava para saber há quanto tempo estava preso, sendo carregado de um lado para outro, nem qual seria seu futuro, visto que a guerra chegava ao fim (ou pelo menos era o que se imaginava à época), se seria libertado algum dia, se poderia viver sua própria vida, se voltaria para casa – nada disso era possível saber.

Passei anos pensando nesse garoto prisioneiro, que costurava. Passei anos me perguntando que vida era aquela, tão solitária, tão desesperançada, tão triste. Passei anos me perguntando se eles o libertaram; sempre que lia sobre a soltura de meninas, sobre a escolarização de meninas, eu me lembrava desse garoto naquele posto de vigilância.

E então, certo dia, anos mais tarde, li um artigo sobre jovens paquistaneses que tinham sido levados ao Afeganistão e mantidos como escravos, li que os «*warlords*» ou milicianos não raro mantinham garotos em casa, não apenas para serviços gerais, mas como objeto para tudo, como servos, que muitas vezes eram também abusados, violentados, seviciados. Continuei lendo e tomei conhecimento da antiga tradição do «*bačabozlik*», o «jogo de criança», para o qual jovens adolescentes, «*bača*», eram treinados a dançar vestidos de mulher em festas para a diversão geral (e alguns também para uso sexual). Havia inúmeros caminhos pelos quais os garotos acabavam entrando nesses papéis. Alguns pais os entregavam voluntariamente, mas alguns penhoravam os filhos para pagar dívidas junto a um credor.[6] Naim era velho demais para ser um «*bača*», suponho. Mas não para todo o resto.

Ainda lembro como me senti mal ao ler essas histórias. Pensei em Naim. Nesse meio tempo, eu havia me esquecido de seu nome. Mas não de seu rosto. Procurei em todos os arquivos de viagens passadas. Escrevi ao fotógrafo e perguntei se ele se lembrava do garoto triste no posto de vigilância em Cabul, se ele podia procurar por uma imagem em seus arquivos.

© Thomas Grabka

Encarei a foto, vi esse garoto e só então imaginei o que poderia ter acontecido com ele.

Só então a imaginação preencheu aquilo que antes era tabu: que meninos também podem ser vítimas de violência sexual. Que aquele regime ou aqueles homens, que se consideravam estritamente heterossexuais, que patologizavam e criminalizavam a homossexualidade, podem abusar não apenas de meninas e mulheres, mas também de garotos e rapazes. Apenas então consegui imaginar de maneira concreta o que antes era inimaginável. Apenas então minha percepção do rapaz no cativeiro completou-se com outras possibilidades daquilo que poderia ter sofrido.

Não sei o que aconteceu. Não sei o que Naim sofreu. Sei apenas que tinha excluído e negado aquilo que *poderia* ter sido infligido a ele pois não conseguia nem *pensar* nisso.

Percepções não surgem do nada.

Aquilo visto como algo dado é um processo dinâmico, seletivo. Há uma diferença entre «perceber» (*percipere*) e «constatar» (*appercipere*). Percepções sensoriais são recolhidas, escolhidas, filtradas, estruturadas, organizadas e lembradas dentro de um contexto, percepções são comparadas com estoques de conhecimentos passados, são interpretadas segundo conceitos existentes e cadeias associativas – até serem «constatadas», compreendidas e aceitas de maneira consciente.

Visto que a capacidade de perceber algo tem relação com o que já foi percebido antes, visto que o novo saber e a nova compreensão são influenciados por aquilo que um dia já foi sabido ou compreendido, muitas vezes aqueles que não podem recorrer a experiências passadas estão numa posição difícil quando se trata de informações conflitantes. Algo de que nunca se ouviu falar é facilmente desqualificado como inacreditável; tem maior chance de ser considerado improvável do que aquela informação que se espelha num saber antigo.

Podemos lamentar esse fato ou aproveitá-lo como tarefa e possibilidade do aprendizado, da mudança, das possibilidades de ação.

Quando a percepção (e também a compreensão) tem alguma relação com *quantidade*, com a *frequência das experiências*, é possível exercitar a percepção. Tanto de maneira individual quanto coletiva. Conseguir imaginar algo, colocar-se no lugar do outro, sentir do lugar do outro, considerar determinadas experiências ou acontecimentos como possíveis se torna cada vez mais fácil quanto mais se exercita esse movimento.

Para mim, *esse* é o ponto crucial de muitos relatos #*metoo*. E não o ato da denúncia ou de atribuição essencialista de características a homens ou mulheres. Mas sim sobre percepções diferentes. Sobre uma ampliação da imaginação em relação àquilo em que não gostamos de pensar, que não queremos que seja possível. Sobre a modificação do olhar, que deve se tornar múltiplo, mais livre, móvel, justo.

Percepções não se alteram sozinhas. A repetição é necessária. Assim como qualquer aprendizado. É preciso treinar o ouvir, o escutar, o olhar, o assistir, para que estejamos prontos a registrar algo diferente do que aquilo que os tabus e as convenções nos ditam. É preciso treinar novas maneiras de olhar a fim de se recobrir, gradualmente, os velhos reflexos daquilo que foi visto ou pensado ontem.

Como resultado, algumas pessoas podem enxergar os agentes *visíveis* de violência sexualizada não mais *apenas* nos homens muçulmanos, não mais *apenas* nos refugiados, mas também nos homens cristãos de nacionalidade alemã. Outras, por sua vez, podem enxergar os agentes de violência sexualizada *também* nos refugiados. E tanto num quanto noutro caso, as imagens interiores da realidade exterior se aproximam – e talvez algumas fantasias carregadas de ressentimentos possam ser um pouco relativizadas.

Outras podem passar a enxergar não apenas as mulheres como vítimas, não apenas os homens heterossexuais como abusadores.

Algumas pessoas podem começar a refletir sobre a situação cotidiana de mulheres, sobre sua condição de trabalho, seus salários, as imagens às quais elas supostamente devem corresponder.
Algumas podem começar a perceber aquelas pessoas que, de outro modo, estariam esquecidas ou só não seriam notadas.
Algumas podem enfim refletir sobre a perspectiva do outro.

Mas quando a percepção muda, quando muda a maneira como se fala sobre as relações de poder, quando as orientações sobre quem deve ser considerado intocável são questionadas, quando mudam as certezas, quando o pacto de silêncio não puder mais ser mantido – abrem-se também outras visões para aqueles que até agora não sabiam como se defender ou não tinham coragem de se expor.

Isso também faz parte daquilo que pode ser aprendido tanto individual quanto coletivamente: não mais se imaginar sem força. Alguns começarão a se sentir menos isolados. Alguns se sentirão apoiados pela história de outro ou outra que passou pelo mesmo e superarão o medo ou a vergonha; vão sentir que não precisam proteger os/as parceiros/as, suas mães ou irmãs, que aquilo que pessoalmente lhes parece constrangedor demais, triste, doloroso, é suportável para outros; vão sentir que existem lugares ou fóruns, pessoas ou associações, que os escutam, que prestam atenção neles, que acreditam neles; irão se sentir convidados a falar diante do grupo de amigos, na família, no local de trabalho, diante do juiz – e, dessa maneira, se assegurar da própria força, da própria subjetividade.

A tarefa não é fácil. Não adianta esperar que todos sejam capazes de simplesmente se defender, simplesmente contar a própria história. Por vezes, me espanta a dureza com a qual algumas mulheres bem situadas afirmam que toda e qualquer pessoa deveria ser capaz de se revoltar, manifestar publicamente o que não lhe agrada ou o que aconteceu, se defender de todo tipo de ataque ou de desacato. Temo que isso apenas negue todas as marcas históricas de que se lembram justo as mulheres mais velhas (mas não só), que negue também as diferenças culturais que marcam a formação de moças e rapazes, negue todos os requisitos sociais que facilitam a vida de algumas pessoas e dificultam a de outras no sentido de articular os próprios desejos e necessidades.

Em vez de desdenhar ou desprezar aqueles que não confiam muito em si, deveríamos criar um clima social para que eles consigam compreender melhor suas próprias experiências e articulá-las.

*

Não pode ser.
Primeiro é a negação. Ficamos «espantados», depois «incrédulos» e, sobretudo, «chocados». Uma das primeiras reações frente a notícias de atos criminosos não raro é o espanto por algo assim – uma falta que contraria as expectativas morais – ser possível.
Não pode ser.
Abusos e experiências de violência infiltram-se numa vida até então protegida. Eles machucam e marcam não

apenas suas vítimas; eles abalam todos que ouvem falar ou leem a respeito.

A maldade humana deve, segundo a esperança implícita, permanecer exceção. Não conseguimos entender como uma pessoa pode fazer algo assim a outra pessoa.

Não pode ser.

Esse espanto incrédulo também é uma autodefesa daqueles que não estão envolvidos. Não é possível viver desconfiando permanentemente das pessoas ao nosso redor. Não é possível viver com a expectativa de que o outro ou a outra poderia abusar de nós ou nos atacar a qualquer momento.

Desse modo, transgressões ou crimes não são apenas um problema moral, mas também *cognitivo*: não querem ser compreendidos porque não podem ser ordenados junto às expectativas habituais que temos em relação ao mundo e às outras pessoas. Eles *têm* de gerar incompreensão.

E assim se explicam também, intuitivamente, as primeiras reações aos mais diferentes casos nos quais os promotores começam ou encerram uma investigação sobre a suspeita de abuso sexual ou violência contra uma pessoa. Na incredulidade pública articula-se não apenas a indignação moral sobre o ato inaceitável, mas também a asseveração mútua de que se trata de algo excepcional, algo que de modo algum pode ser considerado normalidade.

Não pode ser.

Como sinal da consternação social, a negação também traz algo de *reconfortante*. Trata-se da confirmação do consenso daquilo que deve valer como padrão do relacionamento interpessoal. Um mundo em que cada abuso e cada ato de violência fosse entendido como evidente e natural não seria um mundo em que gostaríamos de viver. Entretanto, é bem diferente quando um ato desses não apenas irrita ou perturba moralmente, mas é declarado inimaginável ou impossível, pois a pessoa que cometeu tal ato não aparece como um *criminoso clássico*.

Quando o ato supostamente não pode ter ocorrido porque a pessoa sob suspeita até então foi uma vizinha inofensiva ou um cidadão respeitável. Essa rejeição se torna ainda mais curiosa quando vem a reboque da explicação de que a pessoa, contra quem se levantam suspeitas, é uma ativista engajada ou uma boa amiga, cujo currículo artístico, pedagógico ou político fala por si.

A ideia de que alguém simpático ou muito inteligente não seria capaz de cometer um crime é absurda. Não há indícios de que apenas pessoas que trazem o mal estampado no rosto tendem ao crime ou que pessoas que tocam sonatas de Schubert ou desenvolvem técnicas de segurança para programas de computadores ou sabem recitar poemas de Hölderlin nunca conseguiriam maltratar, abusar ou agir com violência contra alguém. Um professor de filosofia, de fama internacional, pode ser considerado tão apto a cometer abusos ao seu bel-prazer quanto um professor menos conhecido de direitos do consumidor no ensino profissionalizante.

Até então não há quaisquer indícios de que um tipo *qualquer* de talento – para as artes plásticas, à matemática ou à amizade – poderia evitar que uma pessoa venha a humilhar, abusar ou torturar outra pessoa numa determinada situação. Inteligência ou simpatia no geral não excluem a capacidade de cometer abuso sexual e agir com brutalidade.

Entretanto, o mesmo vale para o outro lado da moeda: a pessoa mais nojenta, idiota e egoísta pode ser *inocente*. Não se pode provar nada só porque uma pessoa apresenta todo o tipo de características irritantes e manias exóticas. A determinação precipitada que imputa abuso sexual a alguns apenas porque esses sempre foram antipáticos, porque viviam uma vida louca, é tão negligente como a recusa precoce com a qual alguns são defendidos contra as acusações mais confiáveis apenas porque dispõem de um talento encantador.

De modo análogo, as vítimas de crimes não precisam ser simpáticas ou totalmente irrepreensíveis. Também pessoas com histórias de vida menos exitosas ou mais turbulentas ou previamente condenadas podem se tornar vítimas de violência sexualizada. Apenas porque alguém é dependente de drogas ou vive nas ruas ou só consegue sobreviver com dificuldade e muitas querelas, não quer dizer que ele ou ela não podem ser vítimas de injustiça.

A única questão que importa é se a pessoa é obrigada a algo, se acontece algo contra sua vontade, se ela pode aceitar ou rejeitar a ação de maneira autônoma. Ela pode estar num relacionamento, pode ser uma relação casual que começou num bar ou numa viagem de negócios, não tem importância. Pode não ser prático e trazer confusão, mas as imagens das pessoas e aquelas de suas ofensas não são *coincidentes*. Um ato demoníaco e os criminosos ligados a ele não precisam ser parecidos.[7]

*

«Por essa razão, rejeitamos esforços tanto em nível nacional quanto internacional para colocar em ação essa ideologia por meio de instrumentos como estudos de gênero, política de cotas (p. ex. para mulheres), ações de propaganda como o 'dia do pagamento igual' ou a 'linguagem neutra'.

O AfD quer que a política de família da federação e dos estados se oriente a partir da imagem da família composta por pai, mãe e filhos. Rejeitamos todas as tentativas de expandir o sentido da palavra 'família' no artigo 6, parágrafo 1 da Constituição para outras comunidades e, nesse sentido, retirar da família sua proteção especial.»

— *do programa partidário do AfD* [sigla do partido político de extrema-direita *Alternative für Deutschland*, «alternativa para a Alemanha»], *eleições de 2017* —

Aqueles que querem limitar a liberdade não ocultam sua agenda. Aqueles que querem compreender a igualdade apenas de maneira repressiva, se organizam.

Eles mobilizam
sob as mais diferentes denominações e títulos,
eles se radicalizam, na Hungria ou no Brasil, na Rússia ou na Turquia, na Itália ou na Arábia Saudita, nos Estados Unidos ou aqui na Alemanha, suas ambições antimodernas, antiprogressistas não são veladas,
eles querem apoiar apenas *determinadas* mulheres, fortalecer apenas *determinadas* famílias, ver legitimado apenas um *determinado* conceito de povo, apenas uma *determinada* crença, todo o restante é deslegitimado como «não natural», «estrangeiro» ou «doentio», como «elitista», como «cosmopolita».

Às vezes eles se fazem de evangélicos, outras de islamitas ou russos-ortodoxos.
Eles querem apelar a um passado qualquer, um passado no qual a nação ainda era imperial ou homogênea ou religiosa, na qual a divisão de poderes não era levada tão a sério, na qual as Convenções de Genebra não valiam, na qual era possível torturar sem mais; um passado regido por uma junta ou pelo czar ou por alguma autoridade inatacável, não democrática, quase sempre masculina; um passado inventado, imaginado, no qual a família tradicional era vista como uma constante «natural» cristã ou islamita, e não como um produto histórico; eles contam histórias as mais diversas, têm as mais diversas relações históricas, mas se unem no caráter autoritário,

que despreza os direitos civis e das mulheres, se unem na hostilidade frente à homossexualidade e à transexualidade; no racismo, que constrói o outro da maneira que a sociedade necessita no momento; se unem no desprezo às ciências; se unem na crueldade; se unem na compaixão; no não querer perdoar – e eles se unem, muitas vezes, na vontade de desprezar e exterminar...

Nesse sentido, não se trata de perguntas irrisórias, perguntas banais, perguntas elitistas.

Para algumas mulheres, para alguns homens, para algumas pessoas transgênero em muitos países do mundo, para aquelas que amam diferente, vivem diferente, o que está em jogo é pura e simplesmente a existência, é pura e simplesmente o corpo, que não deve ser torturado, não deve ser encarcerado, não deve ser operado, não deve ser linchado.

Para outros, que são poupados das maiores crueldades,
    para todos nós,
    o que está em jogo é sobrevivência da liberdade.

Por essa razão, debates feministas não são debates de luxo. A discussão do abuso e violência sexual, da crítica às estruturas exploradoras, das práticas e convicções chauvinistas, homofóbicas e transfóbicas: nada disso é uma discussão secundária, posterior, que só pode ser considerada quando os problemas certos, importantes, autênticos – os dos trabalhadores, dos excluídos, dos que são socialmente marginalizados – tiverem sido enfrentados e solucionados.

A lógica das «preocupações principais», tidas como as que devem ser levadas a sério, e as «preocupações secundárias», que podem ser adiadas, ridicularizadas, colocadas de lado, despreza o ser humano, pois ela hierarquiza a dor.

A dor de um deve ser mais relevante do que a dor dos «outros»?
Ora.
A dor dos outros, a dor secundária, que não é tão urgente, que pode ser descuidada, é por acaso sempre a dor negra, a dor gay, a dor feminina, a dor judaica, a dor dos imigrantes.

Essa situação precisa acabar de uma vez por todas.
«Não existe hierarquia de opressão», escreveu certa vez a poeta e ativista Audre Lorde. Não existe nenhuma prioridade para definir quais direitos humanos e civis devem ser garantidos primeiro. Não existe *aqui* a miséria social da humanidade e *lá* a miséria cultural das minorias. Sem falar de como é divertido notar as mulheres sempre sendo incluídas entre as minorias nessa equação.

Respeito não é algo que temos de conseguir nos proporcionar,
respeito não é algo que possamos procrastinar.
Respeito é conveniente. Sempre.

Questões de identidade *são* questões sociais e questões de redistribuição. E vice-versa.

Está errado fazer de conta que é possível dividir as pessoas dessa maneira. Está errado fazer de conta que não existem operárias turcas ou muçulmanos gays ou aposentadas judias...
Está errado simplificar as experiências múltiplas de pertencimento e de não pertencimento que se cruzam,

se compensam ou amplificam – apenas para rejeitar as exigências.

A discussão sobre o abuso e a violência sexual,
os debates por paridade salarial e de representação,
as questões sobre justiça de gênero, sobre cotas para mulheres e sobre os conceitos e imagens com os quais o corpo e a sexualidade são pensados e falados
as condições sociais, estéticas, econômicas, políticas, nas quais se reproduz a depreciação de diferentes formas de vida
– tudo é urgente. E não exclui a reflexão sobre a liberdade e a igualdade em outros sentidos.

Posso criticar a política habitacional insensível *e* o sexismo na linguagem.
Posso protestar contra condições de trabalho espoliadoras nas fábricas das zonas francas *e* ser favorável à introdução de banheiros unissex.
Posso exigir o aumento nos impostos sobre heranças *e* defender a autodeterminação de mulheres muçulmanas.
Posso desejar um seguro-desemprego europeu *e* uma política de proteção ambiental de longo prazo.
Posso, aliás, exigir também espaços para práticas sexuais promíscuas e, ao mesmo tempo, ser favorável ao ensino religioso em escolas públicas.
Apenas para bagunçar *totalmente* o coreto.

Posso ligar questões sociais com culturais,
políticas com econômicas,
ecológicas com religiosas,
assim como posso pensar ao mesmo tempo questões locais e globais.

São falsas dicotomias que almejam dispersar o discurso em geral.

Não devemos descartar uns aos outros. Senão, entre outros motivos, teríamos de nos dividir entre as facções brancas e as homossexuais ou as migrantes e as ateias ou as pretas e as de classe média.

Não devemos negar nossas múltiplas facetas, nossa individualidade, apenas para caber em categorias erradas, monocromáticas.

Trata-se de questões de liberdade *e* de justiça, questões sociais *e* políticas da assim chamada maioria *e* das assim chamadas minorias.
Numa sociedade democrática, elas se referem a todos.

*

«Terrorismo da virtude.»[**]
No começo, achei que fosse engano.
Ou um conceito que tinha vindo de outro texto, sobrado nele e se inserido num texto errado, num contexto errado.
Como pode acontecer.
As palavras podem ser sequestradas, usadas contra sua vontade, contra seu sentido; elas são carregadas, invisíveis, inaudíveis e depois reaparecem em outro lugar.

[**] Neologismo que intitulou o livro de Thilo Sarrazin, *Der neue Tugendterror. Über die Grenzen der neuen Meinungsfreiheit in Deutschland*. Munique: DVA, 2014 [O novo terrorismo da virtude. Sobre os limites da nova liberdade de opinião na Alemanha.] Optei pela tradução literal pelo impacto do termo, afim de «cruzada moral», «politicamente correto» e outros. [N. T.]

Ai.

Estão colocadas num lugar aleatório e não sabem o que se passa com elas, encontram-se numa vizinhança que não é a sua, na qual não pertencem, na qual se sentem deslocadas e atrapalham como algo no meio do caminho, algo que atrapalha a visão, que distrai, que leva a um desvio ou a uma emboscada.

No começo, quis empurrar o conceito, tirá-lo do caminho, incentivá-lo a procurar a sua turma. Mas ele já estava no mundo, sendo usado a torto e a direito.

«Terrorismo da virtude.»
Como o conceito de «terrorismo da virtude» deve se comportar frente a descrições de abuso sexual ou assédio?
Por que as posições feministas são constantemente acusadas de serem «terrorismo da virtude», «inimigas do prazer», «rigorosas»?
O que a «virtude» tem a ver com isso? E o «terrorismo»? Estou falando sério.

Uma mulher ou um homem ou uma pessoa trans descreve como foi tocada, importunada, abusada – e a resposta é:
«Terrorismo da virtude»?
O que está «aterrorizando»? Uma pessoa relata um encontro, uma experiência, na qual alguém a ameaça, importuna e abusa – e isso vai espalhar ansiedade e medo? Em quem?

Aqueles que se referem ao «terrorismo da virtude» são os incomodados pelo discurso público, os que consideram o domínio do prazer, da sexualidade, o domínio do *seu* prazer e de *sua* sexualidade como sendo um tipo de zona que não pode ser discutida. Como se seus gestos e ações não pudessem ser questionados. Como se aquilo que lhes dá prazer devesse se manter intocável, ilibado.

Apesar disso, aqueles que se referem ao «terrorismo da virtude» podem sentir prazer de infinitas de formas, eles podem achar divertido ou prazeroso o que bem entenderem – mas não podem definir o que anima ou excita os outros.

Curiosamente, o prazer deve *sempre* ser prazer, mesmo que não dê prazer a ninguém. O prazer deve sempre ser prazer, mesmo se unilateral. O prazer deve sempre ser mudo, incondicional e incontestável – como se houvesse algo entre duas pessoas que aconteça de maneira muda, incondicional e incontestável.

O aspecto mais interessante dessa reação que invoca o «terrorismo da virtude» talvez seja que ela se apresente como tranquila e relaxada,
que ela queira marcar o outro lado como travado, contrário ao prazer, «virtuoso»,
embora queira sobretudo proteger a si mesmo, reprimir a si mesmo, travar a si mesmo numa postura que apesar de *afirmar* a própria sexualidade como viva e livre, primordialmente a interdita como indiscutível.

Quem reclama do «terrorismo da virtude» quer impedir uma discussão sobre o que dá prazer ao afirmar que os outros querem impedir o prazer e a sexualidade. Quem reclama do «terrorismo da virtude», não quer saber que existem contatos mais ou menos prazerosos.

Daí alguém apenas diz: «Isso que você está falando ou fazendo, aquilo que você acha prazeroso (para você), não me deixa contente, me dá medo, me envergonha, me humilha, me machuca».

Daí alguém diz apenas o que ele (ou ela) não quer.

Não tem nada a ver com virtude, mas com *auto-determinação*.
Talvez seja preciso explicar mais uma vez a questão do querer.
Não querer algo *específico* de uma determinada pessoa *não* quer dizer *não* querer nada.

Dizer «não» a uma determinada pessoa ou a uma determinada ação, gesto, prática, não quer dizer que um largo espectro de ações, gestos, práticas não seja objeto do querer, que não seja desejado e aceito com outra pessoa ou até com a mesma. Um «não» apenas demarca posição para, possivelmente, abrir espaço para aquilo que é objeto do querer, que é prazeroso.

Um «não» exclui algo, mas com isso apenas traça um limite que não deve ser ultrapassado – esse lado está aberto, livre para fantasias, para experiências, para o prazer, que se encontra e inventa, juntos, procurando, tateando, inseguro e atento, lúdico ou passional, com *dildos* ou *plugs*, de maneira anônima ou familiar, rápido e urgente ou devagar e hesitante, assim como nas práticas sadomasoquistas com sinais precisos, não importa quão diferentes possam ser os toques e os movimentos que oferecem prazer a uma ou a outra pessoa, trata-se sempre do prazer mútuo, na concordância do que pode ser vivenciado em conjunto, de um «sim» que é inequivocamente «sim» e a partir do qual é possível criar algo, desenvolver, experimentar, vivenciar.

«Sim» é apenas o início, tudo o que vem depois, «sim e...», é indeterminado, depende mais uma vez do querer. Afinal, eis o caráter encantador, vivo, excitante que define o prazer: o prazer que procura por uma linguagem comum dos corpos, dos gestos e das palavras, o prazer pode ser explosivo, radical, lento, rápido, selvagem, delicado, energético – mas só surge do consentimento, do sim e...

Não importa se a sexualidade é compreensível vista de fora, se tem boa aparência ou não, se parece bem-comportada, tediosa ou perturbada, mas apenas que todos os participantes tenham dado seu consentimento.

«Terrorismo da virtude»?

Por que não deveria ser interessante ouvir o que proporciona ou não prazer para os outros? Por que isso não seria útil?

Certo, talvez surjam percepções inesperadas.

Talvez se descubra que coisas que até então uma pessoa achava consensualmente divertido, mutuamente aprazível, lúdico, do âmbito do flerte, erótico, não era nada disso para a outra pessoa.

Talvez uma pessoa de repente se sinta envergonhada por algo que durante tanto tempo pareceu bacana ou inofensivo. Talvez isso desafie a própria autocompreensão. Talvez isso exija reavaliar alguns hábitos, coisas que até então pareciam ser leves e inócuas.

Compreendo a insegurança que pode surgir?

Sim. Sem dúvida. Afinal, também *gera* insegurança não saber se os próprios gestos, as próprias frases são compreendidas pelo interlocutor com a intenção com que foram expressas.

Claro que se trata de um espaço aberto, inquietante, e sempre há o risco de se escolher o tom errado, muito cedo, muito tarde, muito alto, muito baixo, ser muito desengonçado ou muito assertivo.

Porém, do que não se pode abrir mão é o prazer no prazer do outro, alegria pelo desconhecido, pelas descobertas, pelos diálogos, por todos os jogos eróticos que estão à disposição. Se isso se dá nos parques ou nas camas, em banheiros ou sofás, se de maneira privada ou semipública, em salas de bate-papo ou na sala, se são estranhos que se encontram ou parceiras ou parceiros de longa data, se o prazer e as práticas foram combinadas e negociadas de antemão ou se há um determinado papel a ser seguido ou se tudo está incerto e precisa ser descoberto: trata-se de excitação mútua, prazer mútuo, atração mútua, trata-se do que é feito da concordância mútua, de um «sim».

Ou seja, algo justamente oposto ao «terrorismo da virtude».

No caso do movimento #*metoo*, não se trata de rechaçar a sexualidade.

Trata-se do prazer da sexualidade.

Abuso e assédio não são sexualidade.

São abuso e assédio.

Quem denuncia «terrorismo da virtude» ou indisposição ao prazer quer deslocar a vergonha. Quer ridicularizar como vergonhoso quem não sente vergonha, mas raiva, luto ou prazer por algo diferente. Esquece-se com muita frequência de que a experiência com humilhação e desprezo não deixa apenas a pessoa irada, mas a desmoraliza. Mulheres que se defendem são ditas furiosas e não se reconhece a profundeza na qual a tristeza e a melancolia se instalam. Por esse motivo é tão importante acabar com a vergonha e reconquistar o prazer.

Ninguém que sofreu abuso ou foi vítima de estupro deve se envergonhar; ninguém que foi espoliado e assediado deve se envergonhar; ninguém que não soube se defender, que perdeu a força tamanho o medo, que só conseguiu suplicar ou chorar ou ficar mudo deve se envergonhar; ninguém que sofreu violência, que foi molestado contra a própria vontade, que foi xingado, surrado, humilhado deve se envergonhar; ninguém que foi espoliado e assediado deve se envergonhar; ninguém que conviveu com o criminoso deve se envergonhar; ninguém que não teve coragem de ir imediatamente à polícia deve se envergonhar; ninguém que não conseguiu sair de maneira mais rápida, mais radical do raio da violência ou do abuso de poder deve se envergonhar. Ninguém que não conseguiu traduzir o choque de imediato com palavras adequadas, ou que não conseguiu contar linearmente a história de um estupro brutal como se fosse a história da última compra feita, deve se envergonhar.

Ninguém que também rejeita assédios menores deve se envergonhar; ninguém que protesta contra uma mão indesejada no corpo deve se envergonhar; ninguém que quer determinar por si quando e onde e com quem quer se deitar deve se envergonhar; ninguém deve se envergonhar em ter confiado em uma pessoa ou uma situação que depois se mostrou perigosa, ninguém deve se envergonhar pelo comportamento de outra pessoa.

Ninguém deve se envergonhar pelo olhar objetificador de outra pessoa, ninguém deve se envergonhar pelo seu prazer, pela sua vontade de viver, pelas suas roupas, ninguém deve aceitar a imputação de supostamente ter desejado algo, supostamente ter provocado algo que não era desejado, ninguém deve se envergonhar de seu corpo, de seu desejo, da expressão da sua ideia de gênero e sexualidade, não importa se essa corporalidade, essa sexualidade, essa expressão de gênero corresponda a alguma tradição ou norma.

A maioria dos corpos, a maioria das práticas não correspondem à norma.
O desvio da norma é mais disseminado do que a norma afirma.

Cada um e cada uma deve conseguir descobrir e desenvolver o próprio prazer, numa linguagem própria, com o próprio corpo – e com o corpo e o prazer de outros. E ninguém deve se envergonhar do próprio prazer. Desde que o prazer englobe o prazer do parceiro, e que um parceiro adulto possa tomar decisões de maneira autônoma, então tudo o que excita e traz felicidade é permitido.

*

Às vezes fico contrariada por precisar continuar exigindo algo que é tão evidente. É desagradável ter de explicar, a cada vez, porque a dignidade do ser humano deve ser intocável; soletrar, a cada vez, os componentes possíveis dessa dignidade e listar todos aqueles que são seres humanos; parece constrangedoramente banal ter de explicar por que pessoas têm direitos constitucionais, por que não podem ser discriminadas só porque têm credos diferentes, amam de um jeito diferente ou têm um corpo diferente daquele majoritariamente esperado; explicar a cada vez por que toda pessoa deve poder decidir de maneira autônoma o que lhe dá prazer ou porque toda pessoa pode ser crente, trans ou ateia. Ter de reclamar os próprios direitos e os direitos dos outros é tão vergonhoso quanto cansativo.

Às vezes, a crítica à desigualdade e à discriminação me parece tão pouco original – afinal, repetimos aquilo que gerações antes de nós já formularam a partir de outras experiências e com outros conceitos. Mas só porque uma injustiça existe há tempos ela não deixa de ser menos injusta. Só porque o desrespeito às mulheres, o racismo, o antissemitismo são herdados geração após geração, eles não são menos ilegítimos. A mera duração do ressentimento e da discriminação não resulta em sua veracidade. Desse modo, sua crítica permanece (infelizmente) urgente e atual.

Apesar disso, coloca-se para mim a questão de como as próprias demandas e objeções podem ser articuladas, com qual vocabulário, com qual contextualização, com quais imagens e narrativas elas conseguem convencer também aqueles que até então não se conscientizaram delas ou não quiseram levá-las a sério, com qual linguagem, com qual gesto é possível tocar aqueles que não querem ser tocados, com qual rigor teórico, com qual ímpeto emocional, com qual radicalidade, com qual delicadeza, com qual graça alguém permite um contato e se abre para mudança? Como é possível articular a crítica à discriminação de modo que ela seja justa, mas não hipócrita? Como achar o equilíbrio correto: não ceder onde é preciso, mas ser generoso onde é possível? Como manter o ceticismo diante das próprias instituições, como evitar julgamentos morais e estéticos exageradamente apressados, exageradamente seguros?

Assim como precisamos da descrição densa para analisar casos individuais de maneira diferenciada, assim como precisamos olhar para as estruturas, que condicionam marginalizações e limitações, precisamos também de instrumentos flexíveis com os quais seja possível subverter ou punir práticas e convicções no campo social e político. Apenas a partir de casos concretos é possível decidir quando a subversão irônica faz mais sentido do que a crítica aguda, quando proibições realmente são imprescindíveis e quando discussões abertas, controversas, são mais produtivas.

Há diferentes formas de esclarecimento, os mais diferentes meios de prevenção, da mediação, da regulação, da penalização das mais diferentes formas de abuso e desrespeito. Júris e promotorias são instâncias responsáveis para alguns casos, mas não para todos. Contra formas baixas de humilhação, não litigáveis, contra o sexismo costumeiro, contra discriminações sistemáticas, é preciso lançar mão de todo o espectro de instrumentos.

Ponto pacífico: a multiplicação de espaços comunitários e de possibilidades de abrigo para vítimas de violência doméstica, a fim de que as pessoas não sejam obrigadas, unicamente por falta de espaço, a suportar abusos durante meses; de um lado, basta dinheiro para que esses espaços possam ser alugados. Mas a acomodação não é suficiente caso as pessoas não sejam acompanhadas por assistentes sociais ou psicólogas. Senão, essa proteção acaba sendo uma pausa para descanso – e as mulheres retornam à miséria de onde tinham acabado de sair. Também é preciso assegurar que haverá abrigos para homens e que eles não sejam simplesmente omitidos como vítimas de violência sexual. E é preciso haver proteção incondicional a mulheres trans abusadas, sem que lhes seja dito que elas «ainda não são mulheres o suficiente» para abrigos femininos.

É preciso que todos aqueles aos quais são confiados os jovens, garotos e garotas, sejam mais sensibilizados;

é preciso haver maior oferta de seminários obrigatórios sobre violência sexualizada na formação de professores e também na formação de imames, rabinos e pastores. É preciso haver centros de acolhimento inicial, aos quais vítimas de ataques possam acorrer, sem ter receio de serem rejeitadas por uma instituição com a qual estão ligados (seja uma igreja, um internato, um laboratório de pesquisa). É preciso mais trabalho de esclarecimento nas diferentes comunidades sobre as imagens de homens e de mulheres, com absoluto respeito, mas sem medo dos tabus.

Não importa quão pouco original possa ser, vamos explicar mais uma vez, em 2019, a questão do salário: a diferença salarial entre homens e mulheres, chamado de «*gender pay gap*» deve ser combatida sistematicamente. Em nenhum outro país europeu a desvantagem financeira das mulheres é tão chocante quanto na Alemanha: mulheres com empregos em período integral ganham, em média, 22% a menos do que homens.[8] Isso não se deve à falta de regulamentação: a diretriz da União Europeia 2006/54/EG impõe remuneração igual a homens e mulheres.[9] Mas as mulheres ainda continuam sendo maioria em profissões de salários mais baixos, ainda são avaliadas operacionalmente de maneira errada, ainda continuam sub-representadas em funções de liderança.

É preciso haver mais diversidade nas diretorias das empresas que têm seus títulos negociados em bolsa, nas chefias de redação das empresas de mídia, nas intendências dos teatros, é preciso mais diversidade na literatura, nos livros escolares, nos conselhos que decidem sobre a distribuição de bolsas, sobre a escolha de regentes, sobre a encomenda de roteiros – a lista é longa, podendo e devendo ser continuamente ampliada e aprofundada. Esse movimento deve acontecer a cada geração, nas mais diferentes regiões, visando suas próprias estruturas e práticas que limitam e discriminam.

Só vamos alterar algo de maneira duradoura caso a crítica ao abuso de poder e ao sexismo também seja endereçada àquelas zonas e mundos sociais que são mais precários e marginalizados. Não basta se debruçar apenas sobre os ataques e humilhações sexuais no contexto artístico, acadêmico e midiático (independentemente de quão importantes sejam esses casos). Trata-se também do abuso daqueles que trabalham em empregos menos visíveis, menos estáveis, trata-se também de mulheres que trabalham na agricultura com empreitadas sazonais, de mulheres com *status* de permanência incerto que trabalham no setor hoteleiro, como faxineiras ou camareiras, que trabalham de garçonetes em bares e restaurantes, trata-se de mulheres refugiadas (e homens jovens), que estão alocadas, sozinhas ou com suas famílias, em abrigos provisórios, em contêineres ou conjuntos habitacionais com áreas de banho que não podem ser trancadas, trata-se de mulheres que são destituídas de sua dignidade de antemão, como trabalhadoras sexuais ou prostitutas, trata-se de mulheres e de homens em prisões, trata-se de todos que não conseguem falar por si ou que não são ouvidos por ninguém, idosos em asilos ou instituições psiquiátricas, trata-se de todos que vivem ou trabalham em locais que seguem uma hierarquia rígida, onde a crítica é indesejada ou logo censurada.

Só vamos alterar algo de maneira duradoura caso passemos a perceber também os homens como vítimas potenciais de abuso e de violência, sem de novo vincular certas características a imagens de homens e mulheres, sem definir e atribuir o que deve ser masculino e feminino. Só vamos alterar algo de maneira duradoura caso os homens também sejam vistos como aliados e a eles nos dirigirmos dessa maneira. Só vamos alterar algo de maneira duradoura caso encontremos uma linguagem que também faça sentido para pessoas mais velhas, caso possamos abrir espaços de encontros, só vamos alterar algo de maneira duradoura caso também ampliemos continuamente o «nós» que emprego aqui com tanta facilidade, a fim de que pessoas com as mais diferentes experiências se sintam englobadas.

*

Em seu livro de memórias *Good Things Happen Slowly*, o pianista de jazz Fred Hersh relata quanto tempo demorou para contar aos amigos e colegas, com os quais se apresentava noite após noite, sobre sua homossexualidade. Ele descreve da seguinte maneira aquilo que o impedia de falar: «Sempre tive medo de que os músicos hétero não compreendessem e que a música – e minha reputação – acabasse sofrendo por causa disso». Hersh justifica essa preocupação de que a música pudesse sofrer com a intimidade peculiar que surge entre pessoas que tocam juntas: «Quando você está numa banda, você se apaixona, de um jeito ou de outro, pelos músicos. Se você é pianista, talvez tenha encontrado o baixista perfeito, por fim, ou o baterista dos seus sonhos. Músicos se apaixonam musicalmente uns pelos outros [...] Com isso na cabeça, pensei que os músicos com os quais estava tocando podiam me interpretar mal, achando que meu interesse fosse sexual».[10] A maioria de nós conhece muito bem a sensação: a preocupação de que outros possam se sentir desconfortáveis apenas pelo fato de saberem de nossa homossexualidade. Geramos insegurança mesmo sem qualquer forma de aproximação. A fim de não assustar conhecidos heterossexuais (e às vezes até amigas e amigos), limitamos aquilo que poderia ser mal interpretado. Editamos nossos próprios movimentos e nossa linguagem, removemos aquilo que imaginamos que os outros poderiam imaginar ser inadequado. O processo se tornou tão intuitivo que quase já não percebo mais o quanto a imagem de uma sexualidade tóxica fica gravada em mim, o quanto a ideia de que poderia existir algo em mim, que eu poderia *ser* alguma coisa que dá medo nos outros, se tornou minha vida. Nessas horas, gosto de me convencer que se trata apenas de um gesto de gentileza, um gesto de empatia frente a um interlocutor heterossexual – mas qual ideia de homossexualidade ficou gravada em mim?

Fred Hersh escreveu: «Em vários momentos, alguns músicos de jazz que sabiam que eu era gay diziam coisas do tipo 'Tudo bem você ser gay. Só não dê em cima de mim'».

Incrível: homens que, cheios de soberba, se dizem superiores e inabaláveis frente à homossexualidade em geral, mas ao mesmo tempo estão preocupados em evitar que sejam considerados objetos do desejo homossexual. Essa postura é bem divertida. Por que homens heterossexuais não querem ter de reagir frente ao desejo de um outro? As mulheres sempre estão nessa situação. As mulheres são da fantasia dos outros o tempo todo objeto. O que também não é ruim. As mulheres são permanentemente observadas e tachadas, são abordadas de maneira mais direta ou indireta, por vezes de maneira charmosa, outras nada charmosas – e elas têm de reagir. Elas podem aceitar a abordagem e ver o resultado. Ou podem recusá-la, de maneira charmosa ou não, com simpatia ou não. Mas ter de reagir a uma oferta que não desperta interesse faz parte da experiência cotidiana.

O que exatamente deixa esses homens tão inseguros? Ter de se defender de um avanço e não saber como? Não ter prática em serem confrontados com o prazer indesejado de outra pessoa? Não saber como é complicado, multifacetado, frágil, escolher entre as negativas do repertório uma que seja clara o suficiente, mas não mal-educada nem cause dor? Ou, ao contrário, encontrar uma negativa que seja suficientemente simpática, mas não tão ambivalente para poder, no fim, ser reinterpretada como um convite. Não saber que tipo de forma de arte é essa, o tempo todo exigida de meninas e mulheres? Não saber como navegar nesse território imenso do «não» sem perigo, sem castigo, sem violência?

Ou será que a questão é serem observados por um homem? Serem incluídos numa fantasia homossexual, na qual eles, como heterossexuais, não querem entrar? Será que não compreendem as formas do jogo do flerte gay, será que se sentem inseguros por não conseguir interpretar ou usar gestos e olhares? Pode ser. Mas... não daria para aprender?

Ou será que aquilo que irrita é *sobretudo* ser olhado, ter de se imaginar como destinatário do olhar de um (ou de outra)? Será essa a dificuldade? Por quê? Será porque nos papéis tradicionais, históricos, aos homens foi concedido aquele de sujeito exclusivo do desejo? Será porque o prazer feminino, o desejo feminino, a subjetividade feminina permaneceram como um espaço vazio na imaginação? Ou será porque a sexualidade é, via de regra, pouco imaginada como algo recíproco, ludicamente aberto, intersubjetivo e igualitário?

Aí estaria a graça: libertar-se dessa perspectiva unilateral, monológica. Ocupar-se com o olhar dos outros: compreendê-los como espaço de possibilidades, como diálogo aberto. Estar sempre em diálogo com a outra pessoa e descobrir, juntos, o que ambos querem ou não querem. Aliás, as possibilidades de expressão musical de Fred Hersh se aprofundaram a partir do instante em que ele não precisou mais ocultar sua sexualidade. É possível que o desempenho musical dos outros músicos também melhorasse caso encarassem mais abertamente a possibilidade de talvez serem desejados também por homens.

*

Se o poder não funciona apenas na vertical, se o poder é algo que surge quando as pessoas se relacionam e agem em conjunto, se o poder designa uma potencialidade – então precisamos tentar agir em conjunto, procurar juntos por novas maneiras de compreender, novos conceitos, novas imagens, novas linguagens, novas formas de contato, do prazer.

Poder também é procurar em conjunto por formas mais justas de representação, de participação, de pagamento, de acesso, de liberdade e de igualdade.

Poder também é refletir sobre as próprias possibilidades, lembrar-se de que há outros que vivenciaram o mesmo e que podem ajudar, que há um Estado de direito, que há interlocutores nas instâncias investigativas e na polícia, que há associações e grupos que aconselham e apoiam.

Poder também é certificar-se de que uma herança, uma tradição, também pode ser quebrada, que não é preciso repetir o que sempre existiu. Poder também é aceitar novas formas de família, aquelas que nos apoiam e com as quais é possível dar risada ou vivenciar o luto, ter abertura para novas formas de sociedade, aquelas que ainda não estão dadas, mas aquelas que descobrimos juntos.

Poder também é se jogar no vazio, contra estruturas repressivas, contra marginalizações racistas, contra ressentimentos antissemitas, contra a estigmatização de pessoas que têm credos diferentes, amam de um jeito diferente ou vivem em corpos diferentes da norma.

Poder também é continuar narrando a história de outros que lutaram por direitos humanos e direitos civis, não se esquecer deles, mas aprender com eles e trilhar outro caminho,

e também continuar narrando a história daqueles que fracassaram, mas tentaram fazer valer formas mais avançadas, melhores, de convívio, também se lembrando das histórias de mães e avós que, em espaços mais restritos, procuraram por si mesmas e por suas vozes.

Poder também é levar a sério não apenas as experiências dos mais velhos, mas também dos mais jovens. Voltar-se àqueles que nasceram depois de nós, que desenvolvem novos conceitos, novas práticas, com as quais se pode aprender.

Poder também é narrar as histórias de todas as formas criativas, civis, poéticas de protesto – elas são a fonte da esperança política.

Não deveríamos subestimar o próprio poder, não deveríamos nos considerar indefesos, não deveríamos permitir que nos isolem, mas, sim, deveríamos nos juntar, procurar por alianças no grupo de amigos, nas famílias, na escola, na vizinhança, aliados com os quais as estruturas que permitem a violência e a exploração podem ser derrotadas.

O poder sempre permanece como poder.
Ele apenas descreve possibilidades.
Ele é a força que permite nossa ação, nossa escrita, permite que possamos mudar algo, e ele é a força que

pode machucar, marcar, corromper. Inclusive nós mesmos. Ninguém tem o direito de se imaginar apenas impotente e inocente.

Nenhuma origem, nenhum gênero, nenhuma sexualidade, nenhum *status* anteriormente frágil é garantia de que o poder que chega em nossas mãos está imune de ser mal usado de maneira negligente algum dia.

No fim, o que importa é como queremos usar os espaços do desejo. Se manteremos a autocrítica. Se conseguiremos soltar mais uma vez as novas incrustações que surgem, se conseguiremos questionar as novas certezas, a quem servem, o que silenciam.

Pois fica isso como tarefa: permanecer atentos a novos mecanismos de marginalização e objetificação. Resta o perigo de que cada emancipação deixe de ver suas próprias contradições e ambivalências, que nos tornemos cegos para as próprias ortodoxias que anexamos à tentativa de sermos mais livres e mais justos.

*

No começo está a dúvida.
Diante de cada frase, de cada palavras, há esse limiar: é verdade? Está certo? Além de verdadeiro, é também autêntico?
E essas são apenas as dúvidas sobre *o que* poderia ser dito.

Escrevo como se murmurasse: em voz baixa, falando mais para mim do que para os outros. Trata-se antes de uma reflexão com o teclado. Pensa-se melhor escrevendo. É íntimo. Como sussurrar. Ou murmurar.

No início, está sempre a dúvida.
Às vezes eu gostaria de deixá-la de lado.

Mas sem essa dúvida não iríamos descobrir o outro e querer tocá-lo, não poderíamos mais ficar curiosos sobre aquilo que surge quando nos encontramos e nos desejamos mutuamente.

Sem a dúvida e sem a escuta apurada,
sem o dialógico,
não seríamos mais capazes de aprender,
não seríamos mais libidinosos,
não seríamos mais nós mesmos.

Agradecimentos

Meu agradecimento a todos, conhecidos e desconhecidos, que estiveram no monólogo «Ja heißt ja und...» [Sim é sim e ...] no teatro Schaubühne, em Berlim.

Ter a oportunidade de vivenciar, no teatro, os desdobramentos posteriores ao falar sobre esses temas – o que toca, o que perturba, o que diverte – foi tão educativo quanto emocionante.

Meu agradecimento a todos que me contaram, posteriormente, em cartas ou conversas, sobre suas próprias experiências – foi um presente precioso.

E mudou a escrita deste livro.

Por último, mas não menos importante, meu agradecimento a toda equipe do teatro Schaubühne, pois sem sua generosidade, seu amor pelo detalhe e seu chá de gengibre, nada disso teria sido possível da maneira que foi.

Notas

1. Já escrevi sobre o conceito de «Mitschnacken» em: Carolin Emcke. *Wie wir begehren*. Frankfurt am Main: S. Fischer, 2012.
2. Michel Foucault, «Macht und Wissen. Gespräch mit S. Hasumi», que foi gravado em 13/10/1977 em Paris, está publicado em: Michel Foucault, *Dits et Écrits*, 3 vol. Frankfurt am Main: Suhrkamp, 2003, p. 521 ss.
3. Cf. <https://www.zeit.de/gesellschaft/familie/2018-11/franziska-giffey-bundesfrauenministerin-spd-frauenhaeuser-ausbau-haeusliche-gewalt-lebensgefaehrten>.
4. Cf. <https://www.tagesschau.de/faktenfinder/inland/fakten-gewalt-gegen-frauen-101.html>.
5. Em: «Dichte Beschreibung. Bemerkungen zu einer Deutschen Theorie von Kultur», Clifford Geertz refere-se ao conceito criado por Gilbert Ryle; o exemplo também é de Ryle; Clifford Geertz, *Dichte Beschreibung. Beiträge zum Verstehen kultureller Systeme*. Frankfurt am Main: Suhrkamp, 1987, pp. 10–12.
6. Cf. <https://www.bbc.co.uk/programmes/p00ff0hh>, ou também: <https://www.welt.de/politik/ausland/article9189064/Baccha-Baazi-Afghanistans-Kinderprostituierte.htm>. Muito detalhado e também com uma análise impressionante daquelas formas tradicionais de «brincadeiras de criança» que não envolviam violência sexual: Ingeborg Baldauf, *Die Knabenliebe in Mittelasien: bačabozlik*. Berlim: Das Arabische Buch, 1988.
7. Este trecho é baseado em uma de minhas colunas no jornal *Süddeutschen Zeitung*: <https://sueddeutsche.de/politik/kolumne-boeses-1.3028440>.
8. Cf. <http://www.oecd.org/berlin/presse/dergroeunterschiedfrauenin-deutschlandverdieneneinfunftelwenigeralsmanner.htm>.
9. Cf. <https://www.destatis.de/Europa/DE/Thema/BevoelkerungSoziales/Arbeitsmarkt/GenderPayGap.html>.
10. Fred Hersh, *Good Things Happen Slowly. A Life in and Out of Jazz*. Nova York: Crown Archetype, 2017, p. 160 e seg.

CAROLIN EMCKE, nascida em 1967, estudou filosofia em Londres, Frankfurt e Harvard. Entre 1998 e 2013, foi correspondente em algumas das regiões mais problemáticas do mundo. Em 2003/04, foi professora visitante de Teoria Política na Universidade de Yale. Emcke recebeu inúmeros prêmios, entre os quais o Prêmio Theodor Wolff, o Prêmio Otto Brenner Prize for Critical Journalism e o Prêmio Johann Heinrich Merck Prize for Literacy Criticism and Essay Writing. Em outubro de 2016, recebeu o Prêmio da Paz dos Livreiros Alemães na Feira do Livro de Frankfurt, concedido no passado a autores como Orhan Pamuk, Svetlana Alexievich e Susan Sontag. Dela, a Âyiné publicou *Contra o ódio*.

1 Legacy Russell, *Feminismo glitch*
2 Émilie Notéris, *Alma material*
3 Carolin Emcke, *Sim é sim e ... um monólogo*

Dados Internacionais
de Catalogação na Publicação (CIP)
(Câmara Brasileira do Livro, Brasil)

Emcke, Carolin
   Sim é sim: um monólogo / Carolin
   Emcke ; tradução Claudia Abeling.
   -- 1. ed. -- Belo Horizonte, MG :
   Editora Âyiné, 2024.
Título original: Ja heißt ja und ...
   ISBN 978-65-5998-082-6

1. Assédio sexual às mulheres
2. Assédio - Prevenção
3. Feminismo
4. Filosofia
5. Mulheres
6. Mulheres (Filosofia)
I. Abeling, Claudia
II. Título.
   24-194633
   CDD-109

Índices para catálogo sistemático:
1. Mulheres : Filosofia 109
Aline Graziele Benitez
   Bibliotecária CRB-1/3129

Nesta edição, respeitou-se
   o Novo Acordo Ortográfico
   da Língua Portuguesa.

Composto em Suisse Works e Suisse Int'l
Belo Horizonte, 2024